마케터의 글쓰기

마케터의 글쓰기

초보 마케터를 위한 지금 바로 써먹는 글쓰기 필살기

이선미 지음

앤의
서재

'일이 되게 하는' 전략적 글쓰기

누구나 글을 써야 하는 시대다. 요즘 전화 통화를 하는 일이 현저히 줄었다. 일상적인 대화를 하든 업무 연락을 하든 메신저나 문자, 이메일을 쓰는 경우가 훨씬 많다. 일하는 사람이라면 글 쓸 일은 더욱 많다. 취업을 위해서는 자기소개서를 써야 한다. 직장에선 보고서부터 제안서, 기획안, 보도자료, 마케팅을 위한 홍보 문안까지 모든 일에 글쓰기가 동반된다. 일하는 사람에게는 글쓰기가 곧 일하기다. 글쓰기를 얼마나 효율적으로 하느냐에 따라 일의 성과가 결정된다.

그래서인지 글쓰기 스트레스를 호소하는 사람이 늘어났다. 인터넷 서점에서 글쓰기를 검색하면 3,200여 건의 결과가 나온다.

그만큼 글쓰기를 어려워하는 사람이 많다는 뜻이다. 글쓰기가 어려운 건 한 번도 배운 적이 없어서다. 엑셀 함수처럼 구글링하면 바로 답이 나오는 것도 아니다. 우리는 글을 쓸 줄은 알지만 '어떻게' 쓰는지는 모른다. 학교에서도, 회사에서도 글 쓸 일은 많지만 아무도 글 쓰는 법을 가르쳐주지 않는다.

일하는 사람들이 실무적으로 쓰는 글이 문학적인 글과 크게 다른 점은 배워서 나아질 수 있다는 것이다. 실용 글쓰기는 창작의 영역이라기보다는 정보를 조합하고 나열하는 방법론에 가깝다. 보도자료, 이메일, 보고서, 상세 페이지 등 거의 모든 글에 적용되는 원칙이 있다. 그 원칙을 습득하고 익히면 누구든 그럴듯한 글을 만들어낼 수 있다. 일하면서 배우고 습득한 글쓰기의 원칙들을 이 책에 정리했다. 이 원칙들의 목적은 단 하나다. 내가 이루고자 하는 바를 상대방에게 쉽고 빠르게 이해시키고 설득하는 것이다. '일이 되게 하는' 전략적 글쓰기다.

모든 일하는 사람들, 특히 마케터가 쓰는 글의 핵심은 '설득'이다. 우리가 일하면서 쓰는 거의 모든 글은 상대방에게 내 의도를 빠르고 정확하게 전달해서 목적을 달성하기 위한 것이다. 내 머릿속에 아무리 좋은 생각이 있어도 그것이 함께 일하는 사람들에게 정확하게 전달되지 않는다면 의미가 없기 때문이다. 함께 일하는 사람들이 나의 의도를 정확하게 이해하지 못한다면 소비자에게도 정확하게 전달되지 않는다.

이 책에서 강조하는 글쓰기 핵심을 두 단어로 정리하면 '상대방'과 '배려'다. 일하면서 쓰는 모든 글에는 반드시 상대방이 있다. 상대방의 입장에서 이해할 수 있는 글을 쓰자는 뜻이다. 내가 쓰는 글에 상대방이 있다는 걸 염두에 두면 많은 것이 달라진다. 좀 더 읽기 쉽게 쓰게 된다. 좀 더 읽을만한 가치가 있는 글을 쓰게 된다. 어떻게 하면 글을 읽는 상대방이 내 의견에 동의하게 만들지 고민하게 된다. 그렇게 써야 글 쓴 목적을 달성할 수 있다.

1~3장에는 상대방을 배려하는 글쓰기의 대원칙을 정리했다. 거의 모든 실용문에 공통적으로 적용되는 원칙이다. 손에 익혀 버릇을 들이면 일상 글쓰기의 질이 확 올라가는 기본기다. 4장에는 일하면서 마주치게 되는 다양한 글쓰기의 영역에서 실질적인 도움이 되는 방법론을 상황별로 정리했다. 보도자료를 작성할 때, 보고서를 쓸 때, SNS 광고 문안을 짤 때, 블로그 포스팅의 제목을 붙일 때처럼 필요한 순간마다 곁에 두고 들춰 보면 실마리를 잡을 수 있는 설명서다.

사회 초년생일 때, 지금은 이름도 생각나지 않는 어느 단체의 '보도자료 쓰기' 강좌에서 글쓰기의 원칙을 배웠다. 그 강좌에서 글쓰기의 기본 원칙을 습득했기에 이후 일하면서 맞닥뜨린 각양각색의 글쓰기 상황에 수월하게 대처할 수 있었다. 글쓰기는 직장인에게 강력한 무기다. 스스로 깨치고 개선하며 자유자재로 사용하기엔 오랜 시간이 걸리는 무기다. 그렇지만 기본적인 원칙을 숙지한다면 다양한 응용과 빠른 발전이 가능한 기술이기도 하다.

내게 글쓰기의 기본기를 가르쳐준 15년 전 그 강좌와 같은 책이 되길 바라며 글을 썼다. 글을 쓸 때 지켜야 할 원칙과 잊지 말아야 할 사항들을 빠짐없이 정리하려고 노력했다. 처음 쓰는 종류의 글이라도 당황하지 않고 대처할 수 있는 응용 스킬을 최대한 담아냈다. 실무에서 깨친 작지만 유용한 팁들도 추가했다. 오늘도 커서가 깜빡이는 백지와 씨름 중인 초보 마케터와 직장인들에게 이 책이 부디 도움이 되길 바란다.

2022년 8월
이선미

[차례]

1 마케터에게 글쓰기가 중요한 이유

1. 콘텐츠의 원형, 글쓰기를 잡아라

2. 브랜드를 만드는 글쓰기의 힘

2 마케터의 글쓰기는 배려다

1. 마케터의 글쓰기엔 상대가 있다

2. 독자가 읽고 싶은 글을 써라

3 글쓰기를 위한 마케터의 생각법

1. 글쓰기가 쉬워지는 구성법

2. 글의 구성에 따른 전개 방법

4 마케터를 위한 실전 글쓰기

1. 보도자료 쓰기

마케터에게
글쓰기가
중요한 이유

1

콘텐츠의 원형,
글쓰기를
잡아라

영상의 시대, 글쓰기가 부활한다

영상의 시대다. 전통 매체인 TV부터 유튜브, 넷플릭스나 왓챠 같은 OTTOver The Top, 틱톡이 유행시킨 쇼트폼Short Form까지. 영상이 넘쳐난다. 사람들은 점점 글보다 영상을 통해 정보를 얻고자 한다. 이런 현상은 점점 더 가속화하는 추세다. 10대의 69.7%, 20대의 64.3%는 정보 검색을 할 때 유튜브를 이용한다.[1] 유튜브가 토종 포털의 강자 네이버를 앞질렀다.

이러한 영상의 시대에 뜻밖에도 글쓰기가 부활하고 있다. 온라인 강의 플랫폼 클래스101에선 2020년 7개였던 글쓰기 강좌가 2022년 36개로 늘었다. 교육 기업 에듀윌의 글쓰기 강좌 수강생은 2021년 대비 2022년 141% 증가했다. 스타 작가들도 글쓰기 교육에 뛰어들었다. 김영하는 패스트캠퍼스에서 글쓰기 강좌를 열었고, 장강명은 『책 한번 써봅시다』라는 글쓰기 책을 내고 유튜

브에 강의를 올렸다.[2]

글쓰기 교육에 대한 수요가 증가하는 건 기업이 글 잘 쓰는 사람을 찾기 때문이다. 카카오 대표 남궁훈은 "텍스트는 (메타버스를 이루는) 디지털 형태소의 원천이다. 화려한 그래픽 영상의 영화들도 대부분은 소설에서 시작됐고, 텍스트로 된 대본을 기반으로 하고 있다."고 말한다. 영상의 뿌리가 글이라는 말이다. 영화도, 드라마도, 게임도 시작은 글쓰기다.

콘텐츠가 왕인 세상

최근 '콘텐츠'의 중요성을 강조하는 말을 심심찮게 들을 수 있다. 많은 사람들이 콘텐츠라고 하면 흔히 영상, 그중에서도 유튜브 콘텐츠를 떠올린다. '콘텐츠 크리에이터'라는 직업도 생겼다. 유튜브에 올리는 영상을 기획·촬영·제작하는 1인 미디어 크리에이터를 가리킨다. 우리가 콘텐츠 하면 '영상'을 떠올리는 것은 콘텐츠 크리에이터라는 단어가 널리 사용되면서부터다. 콘텐츠 크리에이터를 영상 제작자로 국한하는 것은 콘텐츠라는 단어를 영상 콘텐츠라는 뜻으로 좁혀 사용하는 대표적인 예다.

　콘텐츠는 영상보다 훨씬 넓은 의미를 가진 단어다. 블로그에서 본 '내돈내산 맥북 M1 프로 6개월 사용 후기'는 콘텐츠인가 아닌가? 팟캐스트에 올라온 '적자였던 테슬라가 이익률 1등이 될 수 있었던 이유' 음성 파일은 콘텐츠인가 아닌가? 내가 어제 갔던 브런치 맛집 메뉴 사진과 위치 정보를 공유하는 인스타그램 피드는 콘텐츠인가 아닌가?

국어사전은 콘텐츠를 '인터넷이나 컴퓨터 통신 등을 통하여 제공되는 각종 정보나 그 내용물. 유·무선 전기 통신망에서 사용하기 위하여 문자·부호·음성·음향·이미지·영상 등을 디지털 방식으로 제작해 처리·유통하는 각종 정보 또는 그 내용물.'이라고 정의하고 있다. 콘텐츠는 영상뿐 아니라 텍스트, 음성 파일, 이미지, 음악 등 모든 형태의 정보와 내용물을 가리키는 포괄적인 단어다.

1996년 빌 게이츠는 이미 콘텐츠가 중심이 되는 인터넷 세상을 예견했다. 〈콘텐츠가 왕이다Content is King〉라는 글에서다. "사람들은 인터넷을 '아이디어, 경험, 상품'이 거래되는 마켓으로 발전시킬 겁니다. 즉, 콘텐츠의 마켓으로 말이죠." 그는 콘텐츠를 보는 데 값을 지불하는 미래를 예측했고, 그 예상은 현실이 되었다.

아이디어, 경험, 상품. 이 모든 것이 콘텐츠다. 소비자, 독자, 시청자가 기꺼이 값을 지불할만한 가치가 있는 것이라면. 소비자가 지불하는 값은 구독료만이 아니다. 인터넷 세상에서는 콘텐츠를 보는 데 쓰는 소비자의 시간과 노력도 값으로 환산된다. 무료로 제공되는 콘텐츠에는 광고가 따라온다. 소비자가 무료로 콘텐츠를 보는 대신 콘텐츠 제공자는 광고를 통해 수익을 얻는다.

여기에서 우리는 인터넷 세상에서 콘텐츠가 가져야 할 조건을 알 수 있다. 소비자가 돈, 또는 시간과 노력을 들여 그것을 볼만한 가치가 있는 것, 즉 소비자에게 도움이 되어야 한다는 것이다. 소비자에게 도움이 되는 콘텐츠는 크게 3가지다.

1. 정보가 있는 것
2. 재미가 있는 것
3. 감동이 있는 것

세 가지 중 한 가지라도 충족되면 기본적인 상품성이 갖춰졌다고 판단할 수 있다. 사람들이 시간과 노력을 들여 그 콘텐츠를 볼지 말지를 결정하는 최소한의 요건이다.

빌 게이츠는 잘 만들어진 콘텐츠의 힘, 즉 콘텐츠의 확장성에 대해서도 예언했다. 왜 인터넷 세상에서 콘텐츠가 왕인지에 대한 이유다. "인터넷은 저렴한 비용으로 콘텐츠의 복제가 가능하도록 합니다. 또한 인터넷은 퍼블리셔가 0원의 한계비용으로 전 세계에 콘텐츠를 배포할 수 있도록 해줍니다." 잘 만들어진 콘텐츠, 즉 정보가 있거나, 재미가 있거나, 감동이 있는 콘텐츠라면 그 확장성과 전파력이 무한대에 가깝다는 말이다. 그리고 무한대로 퍼져나가는 콘텐츠의 위력은 실로 어마어마하다. BTS의 음악과 〈오징어 게임〉을 통해 이미 확인했듯이.

마케터의 경쟁력,
콘텐츠에 달렸다

영국의 애널리스트 베네딕트 에반스는 〈콘텐츠는 왕이 아니다 Content isn't King〉라는 글에서 '콘텐츠가 왕'이라는 전제는 더 이상 사실이 아니라고 주장한다. 구독경제의 발전으로 인해 넷플릭스, 애플뮤직, 스포티파이, 아마존 같은 플랫폼의 힘이 커졌기 때문이다. 일부 플랫폼에서는 콘텐츠가 그저 플랫폼을 유지하기 위한 도구로 사용되는 사례들도 생겨났다. 콘텐츠 제작자들과 플랫폼 간 힘의 균형이 팽팽해 어느 한쪽이 우위를 점한다고 말할 수 없다는 것이다.

그럼에도 마케터는 '콘텐츠가 왕'이라는 명제를 신봉해야 하는 입장이다. 돌이켜보면 플랫폼의 승자는 계속해서 바뀐다. 페이스북의 힘은 확실히 예전 같지 않다. 틱톡의 성장세를 견제하기 위해 유튜브는 '숏츠'를, 인스타그램은 '릴스'를 내놨다. 2021년 11

월 〈오징어 게임〉 효과로 사상 최고치인 700달러를 기록했던 넷플릭스의 주가는 불과 4개월 뒤인 2022년 3월 331달러까지 떨어졌다. 유료 가입자 증가세가 둔화됐고, 시장 내 경쟁자들의 추격세가 거세다는 게 이유다.

플랫폼이 그릇이라면 콘텐츠는 그릇에 담기는 내용물이다. 유튜브가 없다고 해서 BTS의 음악이 주는 울림이, 넷플릭스가 아니라고 해서 〈오징어 게임〉의 재미가 사라지지 않을 것이다. 플랫폼은 유행에 민감하고 시장 환경 변화에 영향을 많이 받는다. 부침이 심하다. 콘텐츠는 다르다. 잘 만들어진 콘텐츠는 생명력이 길다. 어떤 플랫폼에서도 살아남을 수 있다.

〈신과 함께〉, 〈이태원 클라쓰〉, 〈지금 우리 학교는〉 등을 통해 웹툰이 드라마화 혹은 영화화됐을 때의 흥행력은 이미 검증됐다. 팟캐스트에서 시작한 '일당백(당신이 일생 동안 읽어야 할 백 권의 책)'은 유튜브로 옮겨와 팟캐스트의 5배가 넘는 25만 명의 구독자를 확보한 채널이 됐다. 마케터 '생각노트'가 콘텐츠 플랫폼 퍼블리를 통해 1,200%의 펀딩을 이끌어내며 연재한 글 〈도쿄의 디테일〉은 종이책으로도 좋은 반응을 얻었다. 그가 만들어내는 '생각노트' 콘텐츠는 블로그와 뉴스레터, 페이스북, 인스타그램, 트위터를 통해 동시다발적으로 업로드되고 있다.

위 사례에서 잘 만들어진 콘텐츠의 특징을 발견할 수 있다. 하나의 콘텐츠를 다양한 플랫폼에서 활용할 수 있다는 것. 즉, '원 소스 멀티 유즈One Source Multi Use'가 가능하다. 오프라인 강연을 중심으로 활동하던 김미경 강사는 코로나19를 맞아 유튜브로 플랫폼을 확장했다. 그가 펴낸 책은 20여 권이 넘는다. TV와 라디오 등에도 활발하게 출연한다. 언뜻 보면 한 사람이 다양한 일을 하고 있는 것처럼 보인다. 사실은 하나의 콘텐츠를 여러 플랫폼을 넘나들며 다양한 형태로 표현하고 있는 것이다. 이처럼 좋은 코어 콘텐츠는 플랫폼을 가리지 않고 다양한 형태로 변주되며 파급력을 가진다.

오늘날 마케터의 경쟁력이 좋은 콘텐츠를 기획·제작하는 데 달린 이유가 여기에 있다. 수많은 플랫폼이 있고, 뚜렷한 승자가 존재하지 않는다. 영상의 시대라고 하지만 여전히 영상보다 글 읽기를 선호하는 사람이 있다. 글을 읽을 시간이 없어 이동 중에 오디오북으로 독서를 대신하는 사람도 있다. 글보다는 이미지로 보여줘야 정보를 더 잘 받아들이는 사람도 있다. 서로 다른 그릇에 담겨 형태를 바꾸어도 그 가치를 유지할 수 있는 코어 콘텐츠가 필수적이다.

넷플릭스의 CEO 리드 헤이스팅스는 "우리의 경쟁 상대는 고객의 수면 시간"이라고 했다. 소비자의 시간은 한정적이다. 일하는 시간과 잠자는 시간을 제외하면 콘텐츠에 주의를 기울일 수 있는 시간은 극단적으로 줄어든다. 콘텐츠는 넘쳐난다. 소비자의 눈과 귀를 끌어당겨 나의 콘텐츠에 조금이라도 더 머무르게 하는 게 돈이 되는 세상이다. 소비자의 시간을 사로잡고, 나아가 공유되고 파생되며 무한히 퍼져나가는 힘을 가진 콘텐츠를 만들 수 있느냐가 마케터의 경쟁력을 가른다.

기업이 글 잘 쓰는
사람을 원하는 이유

영상으로 대표되는 콘텐츠의 시대에 기업이 글 잘 쓰는 사람을 원하는 이유는 콘텐츠의 뿌리가 글이기 때문이다. 어떤 콘텐츠든 기획이 필요하다. 소비자로부터 어떤 반응을 얻어낼 것인지를 정하고, 그 목적을 달성하기 위한 전략을 짜는 고민의 단계를 거쳐야 한다. 머릿속에서 맴돌던 고민이 세상 밖으로 처음 나올 때 글이라는 형태로 나타난다. 생각을 만들고 정리해 구체화하는 과정은 글쓰기로만 가능하다. 글이 곧 콘텐츠의 원형이다.

글쓰기로 콘텐츠의 원형을 만들 수 있다면 다음부터는 기술의 문제에 불과하다. 어떤 형태로든 가공할 수 있다. 어떤 그릇에 담는 것이 콘텐츠의 매력을 잘 드러낼 수 있을지만 결정하면 된다. 그러려면 콘텐츠의 원형이 되는 글이 탄탄해야 한다. 그냥 써내려가는 것이 아니다. 목적을 가진 글쓰기를 해야 한다. 잘 먹히는 콘텐츠의 원형을 만들어야 한다.

　잘 먹히는 콘텐츠는 정보든, 재미든, 감동이든 소비자에게 뭔가 도움을 주는 콘텐츠다. 소비자가 시간과 노력을 들여 주의를 기울일 가치가 있는 콘텐츠다. 잘 만들어진 콘텐츠는 그 결과로 구매든, 호감이든, 공유든 원하는 반응을 이끌어낸다. 반응을 이끌어낸다는 것은 곧 상대방이 있다는 말이다. 마케터의 머릿속에는 언제나 상대방, 즉 소비자가 있다.

　마케터의 글쓰기가 다른 글쓰기와 다른 건 바로 이 지점이다. 상대방이 있는 글쓰기다. 소비자를 염두에 둔 글쓰기다. 두서없이 일기장에 써내려간 글이 아니라 소비자의 반응을 얻어내기 위해 논리적 사고를 거친 글이다. 마케터가 만드는 콘텐츠의 원형은 소비자의 마음을 움직여 원하는 목적을 달성하기 위한 전략적 글쓰기의 결과물이어야 한다. 영상의 시대, 콘텐츠의 시대에 마케터가 글쓰기를 해야 하는 이유다. 일반적인 글쓰기가 아닌 '마케터의' 글쓰기를 해야 하는 이유다.

2

브랜드를
만드는
글쓰기의 힘

형식 자체도
콘텐츠가 될 수 있다

글이 콘텐츠의 원형이라는 말에서 '글'은 그 내용을 가리킨다. 그런데 어떤 경우에는 글이 담고 있는 내용만큼 형식이 중요한 때가 있다. 같은 내용이라도 어떻게 전달하는지에 따라 독자의 반응이 달라진다. 그 형식 자체가 곧 콘텐츠가 되기도 한다. 그리고 그 글이 브랜드의 인상을 만든다. '톤 앤 매너Tone & Manner'라고 한다. 같은 어조와 같은 자세로 한결같은 메시지를 전달하는 것. 브랜드의 정체성을 반영한 톤 앤 매너를 일관성 있게 유지하는 브랜드를 우리는 "브랜딩이 잘됐다"고 평가한다.

흔히 인터넷 세상에서 글은 중요하지 않은 요소로 간주된다. 사용자가 빠르게 스크롤을 내릴 때 시선을 잡아챌 수 있는 이미지, 쉽게 찾을 수 있는 구매 버튼, 페이지와 페이지 간의 유기적인 연결 등을 우선순위로 친다. 미국의 소셜 CRM 기업 인터콤은 전

세계에서 가장 인기 있는 25개 앱의 첫 화면에서 텍스트가 차지하는 비중을 조사했다. 그 결과에 따르면 모바일에서 적당한 텍스트의 양은 36%다. 인터콤은 36%를 '매직 넘버'라 명명했다. 사용자가 정보를 받아들이기 가장 편안한 비중이라는 것.

모바일의 크기는 제한적이기 때문에 화면에서 글이 차지하는 36%는 적은 영역이 아니다. 이 보고서는 모바일 앱에서 텍스트를 제거하면 사용자들이 '비어 있다'는 느낌을 받게 되고, 결과적으로 혼란을 준다고 지적한다. 그러면서 텍스트를 중요한 사용자 경험 요소의 하나로 다루어야 한다고 말한다.

국내에선 아직 온라인상의 경험에서 글의 중요성을 크게 고려하지 않는다. 그러나 일찌감치 글쓰기의 중요성을 알아차린 온라인 서비스도 있다. 이 브랜드들은 각자의 분야에서 비즈니스 트렌드를 선도하거나, 차별화된 독특한 위치를 차지하고 있다. 브랜드의 이름을 들으면 떠오르는 명확한 이미지를 가지고 있다. 웹 서비스의 브랜딩을 완성하는 데 글쓰기가 큰 역할을 한 몇 안 되는 사례다.

'쉬운 금융'을 완성시킨
토스의 UX Writing

최근 토스 앱을 업데이트하기 위해 앱스토어에 들어갔더니 새로운 기능에 대해 다음과 같이 안내하고 있었다.

"마이데이터가 출시됐어요. 은행 계좌와 카드는 물론, 증권사 내역, 네이버페이 포인트까지 내가 가진 모든 자산을 한 번에 불러올 수 있어요."

사실 나는 이 문구를 보기 전까지 '마이데이터'가 무슨 개념인지 이해하지 못했다. 토스의 새로운 기능 소개 문구를 보고서야 모든 금융 정보를 한 곳에 모아서 관리할 수 있는 서비스라는 실체를 파악할 수 있었다. 그 전까지 접한 마이데이터에 대한 설명글을 이해하지 못했기 때문이다. 이를테면 이런 식이다.

"마이데이터는 개인 데이터 활용 체계의 새로운 패러다임을 제시합니다. 정보 주체인 개인이 개인 데이터의 관리와 활용 권한을 보유합니다."

'개인 데이터', '활용 체계', '패러다임', '정보 주체', '활용 권한' 등 추상적인 단어의 나열이 이어진다. 문장을 읽을 수는 있지만 무슨 의미인지 파악이 안 된다.

"마이데이터는 특정 금융회사에 흩어진 개인 신용정보를 소비자가 한 곳에 모아 관리할 수 있는 서비스다."

이건 좀 낫다. 그렇지만 '특정 금융회사', '개인 신용정보'의 범위와 종류에 대해 특정하는 정보가 없다. 나 같은 금융문맹은 정확하게 어디에서 뭘 할 수 있다는 뜻인지 여전히 알 수가 없다.

토스의 슬로건은 '금융을 쉽고 간편하게'다. 토스는 공인인증서가 없어도, 상대방의 계좌번호를 몰라도 송금할 수 있는 '간편 송금' 서비스로 급성장했다. 간편 송금을 가능하게 만들기 위해 시중 17개 은행과의 전산 표준 연동에만 3년이라는 시간을 들였다. 토스가 금융을 쉽게 만들기 위해 하는 노력은 기술 분야에만 그치지 않는다. 토스는 국내에서 아직 생소한 UX Writing[3] 전담 팀을 운영하고 있다. 이 팀은 많은 사람들이 어려워하는 금융 용어를 이해하기 쉽게 바꿔 사용자 경험을 개선하는 역할을 한다. 어려운 용어를 풀어 설명할 뿐 아니라, 불필요한 단어와 문장을 없애 간결하게 만든다.

[A]

오늘은 카드 값 결제일입니다. 그래도 카드 값을 지금 선결제할까요?

결제일에 카드 값을 내면 카드 값이 중복 결제될 수 있습니다. 위 경우 다음 날 결제 계좌로 재입금해드립니다.

[B]

오늘은 카드 값 나가는 날이에요.

같은 금액이 한 번 더 나갈 수도 있어요. 두 번째로 나간 금액은 내일 내 계좌로 환불돼요.[4]

카드 값 선결제 메뉴를 클릭하면 뜨는 팝업 알림이다. '결제일에 카드 값을 내다'라는 의미의 문장이 2번 중첩('오늘은 카드 값 결제일입니다'와 '결제일에 카드 값을 내면')되던 것을 '오늘은 카드 값 나가는 날이에요'로 압축해 반복을 없앴다. '결제'라는 단어는 '나가다'로, '결제 계좌'는 '내 계좌'로, '재입금'은 '환불'로 더 쉬운 단어나 의미가 명확한 단어로 대체했다. 훨씬 직관적이고 이해하기 쉬워졌다.

토스의 글쓰기는 사용자들이 서비스에 대해 친숙함을 느끼게 끔 하는 역할도 맡고 있다. 토스에선 사용자가 대출금을 갚을 때 마다 알림을 보낸다. 기존에는 '달라진 대출 잔액을 확인하라'는 의미를 담은 건조한 메시지를 발송했다. 그러다 '대출금을 갚느라 고생하셨다'는 응원과 축하의 의미를 담은 문구로 변경했다.

[A]

신용 관리

OOO 님, 대출 잔액이 달라졌어요. 잔액을 확인하세요.

[B]

드디어 대출 끝!

OOO 님, 갚느라 고생 많으셨어요! 신용 점수가 달라졌는지 확인 해보세요.

이렇게 바꾼 후 CS창구를 통해 "문구가 힘이 된다, 고맙다"는 사용자의 응답이 접수되기도 했다. 줄어든 대출액이라는 숫자 뒤 에 그 돈을 갚느라 한푼 두푼 아끼고 계산기를 두드리는 노심초 사를 헤아린 글이 고객의 마음을 움직인 사례다.

토스의 글쓰기는 사용자 입장의 정보 전달User-side Info, 잡초 제거하기Weed Cutting, 말하기 쉬울 것Easy to Speak, 일관성 유지 Keep Consistensy의 4가지 글쓰기 원칙Writing Principle 하에 이뤄진다. 토스의 서비스 안내 문구를 작성하는 사람은 여러 명이지만, 사용자는 토스를 하나의 서비스로 받아들인다. 하나의 서비스에선 일관된 경험을 해야 한다. UX Writer들은 토스 안에서 사용자가 일관된 경험을 할 수 있도록 이 원칙을 숙지하고 정기적으로 점검한다. '쉽고 간편한 금융'이라는 토스의 브랜딩은 이처럼 세심하게 사용자 입장을 고려하는 글쓰기로 완성됐다.

좋아 보이는 것들의 비밀, 마켓컬리의 상세 페이지

여기 동일한 김밥용 김에 대한 두 개의 상세 페이지 문구가 있다. 어떤 것을 사고 싶은가?

[A]

김밥에서 김의 두께, 식감 등에 따라 김밥 맛이 달라집니다. OO김은 품질 좋은 국산 김을 엄선하여 두 번 구운 김밥용 유기김을 완성했어요. 도톰한 두께의 김을 고온에서 두 번 구워 한층 바삭바삭하고요. 김 고유의 은은한 맛과 향긋한 향이 김밥 맛을 더욱 좋아지게 한답니다. 김 위에 고슬고슬한 밥과 여러 재료를 넣고 돌돌 말아 나만의 김밥을 만들어보세요. 10매로 포장한 상품이라 남길 걱정 없이 사용할 수 있어 만족스러울 거예요.

[B]

청정 바다에서 자란 고급 원초를 사용해 정성껏 만든 김입니다. 좋은 원료만을 엄선해 두께가 두텁고 식감이 좋습니다. 또한 쉽게 찢어지지 않고 탄력이 있어 김밥용으로 좋습니다. 고온에서 두 번 구워 더욱 바삭바삭하고 향긋하게 즐기실 수 있습니다.

A는 마켓컬리, B는 다른 플랫폼에서 판매하는 김의 상세 페이지 문구다. A의 후기는 14,237건에 달한다. 같은 김밥용 김이라면 B보다는 A를 먹고 싶다는 생각이 든다. 같은 제품인데도 마켓컬리에서 파는 상품이 더욱 좋아 보이는 이유는 뭘까?

마켓컬리는 상세 페이지를 직접 만든다. 통상 플랫폼은 입점 업체가 제공하는 상세 페이지를 그대로 사용한다. 그래서 같은 제품이라면 어떤 플랫폼에서도 동일한 상세 페이지를 볼 수 있다. 마켓컬리는 촬영과 디자인, 상세 페이지 문구 작성까지 내부 인력이 직접 한다. 모든 제품에 대한 상세 페이지를 마켓컬리 스타일로 다시 만든다. 같은 제품이라도 마켓컬리에서는 다른 상세 페이지를 볼 수 있다. 마켓컬리의 적자 사유 중 하나로 상세 페이지 제작에 들이는 과도한 인력과 비용이 꼽힐 정도다.

마켓컬리 상세 페이지 담당 에디터 채용 공고에서 자격요건을 보면 '글쓰기 관련 대외활동 및 교내활동 경험자로 글쓰기 두려움이 없는 분, 글쓰기 능력(과제 제출 필수)'이 명시되어 있다. 제품을 선정하고 상세 페이지 문구를 작성해서 서류심사 단계에 제출해야 한다. 가장 중요하게 보는 능력이 글쓰기다. 다른 플랫폼에서 '엑셀 능숙, 포토샵 사용' 등을 꼽는 것과는 사뭇 다르다. 그만큼 글쓰기에 공을 들인다.

마켓컬리의 상세 페이지 글쓰기는 철저히 소비자를 지향한다. HACCP 인증을 받은 무농약 블루베리라면, 보통 '맑고 깨끗한 ○○군에서 정성껏 재배한 유기농 블루베리. HACCP 인증도 받았습니다.'라고 쓰기 마련이다. 판매자가 하고 싶은 말, 즉 '깨끗한 땅에서 힘들게 키워서 어렵게 인증도 받았습니다. 정말 정성을 많이 들인 블루베리예요.'가 앞선다. 마켓컬리는 블루베리를 먹게 될 소비자 입장에서 쓴다.

싱그러움이 살아 있는 친환경 블루베리

빛을 받은 부분이 반질반질하게 빛나는 짙은 청색의 블루베리. 독특한 색깔과 새콤하면서도 부드럽고 달콤한 맛이 매력적이지요. 안토시아닌과 비타민E, 프테로스틸벤이 가득한 블루베리를 국내산 생과로 즐겨보세요. 입 안에 넣고 톡 깨물면 부드럽게 터져 나오는 과즙은 오직 생과로만 느낄 수 있는 특별함이죠. 컬리는 블루베리를 튼실한 알갱이를 자랑하는 '특'과 '상' 사이즈로 준비했어요. 흐르는 물에 살짝 헹군 뒤 톡 터지는 새콤함을 만끽해보세요.

글만 읽어도 턱밑 침샘이 자극되고 군침이 싹 도는 설명이다. 블루베리를 받은 소비자가 포장을 열면 만나게 될 블루베리의 모습, 입에 넣었을 때 경험하게 될 느낌을 생생하게 묘사했다. 다른 데서 사는 것보다 훨씬 싱싱하고 맛있는 블루베리를 먹을 수 있을 것 같은 기대감을 안겨준다. 마켓컬리는 상세 페이지에서 꼭 필요한 내용만 남기고 모두 없애 분량을 확 줄였다. 그러면서 사용자 경험에 초점을 맞춰 제품 소개를 쓰는 데 집중한다.

아보카도를 처음 사본 사람은 후숙이란 개념이 생소하다. 어떻게 후숙해서 어떻게 손질해야 하는지 모른다. 포털이나 SNS에서 다시 검색해봐야 한다. 마켓컬리는 상세 페이지에 후숙 방법과 손질 방법을 안내하고 있다.

후숙이 필요해요

- 아보카도는 후숙 과일이에요. 수령 후 껍질이 아직 푸릇한 녹색이라면, 거뭇하게 변할 때까지 상온에 보관하여 후숙하세요.
- 통풍이 잘 되는 봉투나 신문지에 싸서 후숙하세요. 비닐이나 지퍼백처럼 통풍이 되지 않는 소재에 넣고 후숙하면 아보카도가 썩을 수 있어요.
- 껍질 색깔로 후숙된 정도를 확인하기 어렵다면, 아보카도 과육을 손으로 눌러보세요. 살짝 말랑말랑하게 느껴질 때 섭취하시면 됩니다.

이렇게 손질하세요

1. 씨가 들어 있는 정중앙에 칼을 대고, 세로 방향으로 서서히 칼을 넣어주세요.
2. 씨의 표면을 따라, 아보카도를 시계 방향으로 돌려가며 반으로 잘라주세요.
3. 잘린 아보카도를 양손으로 하나씩 잡고 비틀며 서로 분리하세요.
4. 동그란 씨앗이 보이면, 씨앗을 칼날로 찍어 빼내세요.
5. 껍질을 벗기거나, 숟가락으로 과육을 부드럽게 파내세요.

아보카도를 받은 순간부터 보관, 손질까지 소비자가 경험하게 될 모든 여정을 그려봤기에 쓸 수 있는 안내글이다. 마켓컬리에서 아보카도를 산다면 후숙과 손질 방법을 찾기 위해 추가로 검색해야 하는 수고를 덜 수 있다. 마켓컬리는 가장 신선한 식품을 가장 빠르게 전달한다는 확고한 이미지를 갖고 있다. 이런 브랜딩은 샛별배송뿐 아니라 철저히 소비자 입장에서 식품을 구입하고 먹는 경험, 그 자체에 집중한 글쓰기가 뒷받침돼 만들어졌다.

뭔가 다른 '느낌적인 느낌', 29cm의 카피라이팅

카피를 쓰다가 아무 생각이 안 날 때 29cm에 접속한다. 흘러가는 이미지들을 따라 이리저리 클릭하고 스크롤을 내리다 보면 생경한 단어나 문장이 눈에 꽂힐 때가 있다. "작년에도 이거 입었지" 같은 문장이 그것이다. 생활에서 흔히 쓰는 말인데 쇼핑몰에서 볼 일은 거의 없다. 이걸 이렇게 표현할 수도 있구나, 이런 관점에서 접근할 수도 있구나, 그렇게 삼십 분쯤 들여다보고 나면 새로운 아이디어가 떠오르기도 한다.

29cm에서 총괄 카피라이터로 일한 이유미 작가는 글쓰기로 29cm만의 스타일을 만든 이로 유명하다. 재직 당시 그가 만든 카피라이팅의 독특한 분위기는 지금까지 이어지며 29cm의 브랜딩을 형성하고 있다. 그는 개인적인 경험을 세일즈 카피에 녹여 소비자의 공감을 이끌어내는 것이 비결이라고 말한다. 다른 데서는

쓰지 않는, 모두 알고 있지만 글로 표현하지 않았던 사소한 경험을 카피에 반영한다.

"작년에도 이거 입었지" 같은 문장이 그렇다. 계절이 바뀌어 옷살 때가 되면 '작년엔 뭘 입었지?' 생각해본다. 바로 떠오르는 옷은 자주 입었던 옷이다. 그만큼 편안하거나 내 취향에 맞아서 손이 자주 갔던 옷이다. 그런 옷들을 모아놓고 "작년에도 이거 입었지"라고 썼다. '핏이 좋고 디자인이 예뻐서 자주 입을 옷'이라고하는 것보다 훨씬 와 닿는다. 있어 보이는 영어 단어를 사용한 것도, 멋진 수식어를 구사한 것도 아니지만 감각적으로 느껴진다.

"몸을 껴안는 옷, 니트"라는 카피는 니트를 입은 촉감을 떠올리게 한다. 통상의 경우라면 '따뜻하고 포근한 니트'라고 썼을 것이다. 29cm는 부드럽고 도톰한 니트를 입었을 때 폭 파묻히며 몸을 감싸던 나른한 감정을 불러낸다. 설명하는 게 아니라 느끼게 한다. 이런 기억이 있는 사람은 이 카피에 끌릴 수밖에 없다.

29cm는 '감도 깊은 취향 셀렉트숍'을 표방한다. 모든 사람이 고객은 아니다. 소비자는 남다른 취향을 갖고 있으며 자신이 감각적이라고 생각하는 사람들이다. 모든 제품을 다 팔지 않는다. 취향을 기반으로 엄선한 제품만 판매한다. 높은 안목으로 셀렉트한 제품을 판매하는데 내가 경험했던 느낌을 담백하고 세련된 말투로 상기시킨다. 소비자는 거기서 가치를 발견한다. '내가 이것 때문에 카드를 긁었다'라고 할만한 공감을 카피로 끄집어내주는 것이다.

천 원 정도 더 주더라도 29cm에서만 구입하는 소비자가 생긴 건 그래서다. 나와 취향이 꼭 맞는 이가 새로운 관점으로 추천하는 제품을 구입하며 특별한 사람이 된 듯한 기분을 느낄 수 있기 때문이다. 익숙한 일상에서 의미와 가치, 계기를 발견해 새롭게 담아내는 것. 타 쇼핑몰과 뭔가 다른 '느낌적인 느낌'을 풍기는 것이 29cm를 만든 카피라이팅의 비결이다.

지금껏 이야기한 세 브랜드는 공통점이 있다. 브랜드가 추구하는 목적이 명확하다. 그리고 글쓰기가 목적 달성을 뒷받침한다. 세 브랜드의 글쓰기에도 공통점이 있다. 철저히 사용자 입장에서 쓴다. 브랜드가 추구하는 목적이 분명하지만 하고 싶은 말만 하지 않는다. 사용자가 듣고 싶은 말을 한다.

"우리는 편리해요!", "우리는 신선해요!", "우리는 감각적이에요!"라고 외치지 않는다. 어려운 금융 용어를 사용자가 쉽게 이해할 수 있도록 쓴다. 신선한 과일을 재배하고 새벽 일찍 배송하는 데 들이는 노력을 열거하는 대신 그것을 입에 넣었을 때 소비자가 느낄 즐거움을 그린다. 소비자가 일상에서 느낀 감정을 낯선 단어로 끌어내며 신선함과 공감을 불러일으킨다.

브랜드의 가치를 사용자 입장에서 생각해보는 것. 사용자에게 필요한 게 뭔지 파악하는 것. 어떻게 전달해야 브랜드와 사용자의 목적을 동시에 달성할 수 있을지 고민하는 것. 브랜딩을 하는 마케터라면 꼭 기억해둬야 할 지점이다.

002

마케터의
글쓰기는
배려다

마케터의
글쓰기엔
상대가 있다

실용적인 글과
문학적인 글의 차이점

우리가 쓰는 글의 대부분은 실용적인 글이다. 대입 논술, 대학교 과제 리포트, 논문, 자기소개서, 이메일, 보고서, 기획안, 보도자료, 안내문, 상세 페이지, 블로그 포스팅, 상품평, 리뷰, 댓글 등이 그것이다. 실용적인 글쓰기는 시나 소설, 수필 같은 문학적인 글쓰기와 근본적인 차이가 있다. 문학적 글쓰기는 재미나 감동, 또는 자기만족을 위한 것이다. 실용적 글쓰기는 독자로부터 반응을 얻기 위해 쓴다. 많은 경우 독자가 정해져 있다. 독자가 듣고 싶어 하는 말도 정해져 있다. 상대방으로부터 취업, 회신, 결재와 같은 반응을 얻어내는 것이 목적이다. 그러기 위해선 말하려는 바를 정확하게 전달하는 것이 가장 중요하다.

실용 글과 문학 글은 글쓰기의 원칙과 전개 방법도 다르다. 실용적 글쓰기는 독자에게 핵심을 빠르게 전달해서 원하는 반응을 얻어내는 것이 목표다. 미학적 완성도나 창의성은 중요하지 않다. 이 점을 간과하고 좀 더 창의적인 표현과 전개 방법을 고민하는 경우를 종종 본다. 실용 글쓰기는 독자가 읽게 만드는 것이 목적이다. 독자가 읽지 않으면 존재 가치가 없다. 독자가 이해할 수 있는 언어로 핵심을 간결하게 전달해야 한다. 또한 통상의 비즈니스 관계에서 독자는 시간이 없다. 빙빙 둘러 말하지 말고 본론부터 빨리 꺼내야 한다. 실용 글쓰기의 원칙과 전개 방법에 맞게 써야 한다.

창의성에 대한 강박을 버리고 원칙을 지켜 글을 쓰자. 실용 글에서 중요한 것은 미사여구나 화려한 기교가 아니다. 말하고자 하는 바를 간결하게 전달하는 정확한 문장이다. 수려한 문장과 다이내믹한 기승전결에 대한 욕심만 버려도 글쓰기가 훨씬 단순해진다. 독자가 글쓴이의 의도를 정확하게 파악하고 빠르게 반응하는 것이 가장 중요하다. 그러기 위해서는 철저히 독자 입장에서 글을 써야 한다. 독자가 내 글을 읽는 상황을 염두에 두고 써야 한다. 우리가 쓰는 모든 글에는 상대방이 있다는 것을 명심하자.

마케터의 글쓰기,
목적을 잊지 마라

누군가 이성에게 고백하는 모습을 생각해보자. "너를 좋아해"라고 말하는 목적은 무엇일까? 단순히 '좋아한다'는 감정을 전달하는 것일까? 아니다. 연애 고수들은 누가 봐도 사귀는 분위기일 때 고백을 하라고 충고한다. 왜일까? "너를 좋아해"란 고백은 결국 "나도 너를 좋아해"란 대답을 듣기 위한 것이기 때문이다. 썸을 청산하고 연인으로 발전한다는 목적을 달성하기 위한 것이다. 마음을 전달하기에 급급해서 아직 무르익지도 않은 관계에서 하는 갑작스런 고백은 보통 실패로 돌아가기 마련이다. "나도 너를 좋아해"란 대답을 얻겠다는 목적을 잊었기 때문이다.

글쓰기에서도 마찬가지다. 좋아하는 감정에 빠져 목적을 놓치는 것처럼, 우리는 글을 쓸 때 글 자체에 매몰되어 종종 목적을 잊곤 한다. 글을 쓸 때 목적성은 중요하다. 어떤 목적을 이루기 위해 글을 쓰고 있는지 의식하면서 써야 한다. 그래야 글을 쓰면서 무엇에 집중하고 무엇을 주의해야 할지 판단할 수 있다.

실용 글은 두 단계의 목적이 있다. 1차 목적은 독자가 글을 읽는 것이다. '독자에게 읽혀야 한다'는 1차 목적을 간과하는 경우가 많다. 온라인과 모바일 환경에서 사람들이 글을 읽을지 말지 결정하는 시간은 3초 내외다. 스크롤을 쓱쓱 넘기며 매력 없는 제목은 흘려보낸다. 클릭했다가도 원하는 글이 아닌 것 같으면 바로 뒤로 가기 버튼을 누른다.

의외로 내 글이 상대방에게 '당연히' 읽힐 것을 전제하고 쓰는 사람이 많다. '저는 엄하신 아버지와 자상하신 어머니 슬하에서 1남 2녀 중 첫째로……'로 시작되는 자기소개서는 뒷부분에 제아무리 멋진 반전이 있더라도 읽히지 않는다. 인사담당자는 반전이 나올 때까지 그 글을 읽어줄 시간과 인내심이 없다. 사람들은 남에게 관심이 없다. 글을 읽어야 할 이유를 빠르게 제공해주지 않으면 떠나버리고 만다.

1차 목적인 독자에게 읽히는 것에 성공했다면 2차 목적은 상대방의 반응을 끌어내는 것이다. 실용 글에서 반응은 구매, 컨펌, 회신 같은 것이다. 아무리 수려한 글이라도 원하는 반응을 얻어내지 못한다면 의미 없다. 독자의 반응을 얻으려면 글쓴이가 말하고자 하는 바를 쉽게 전달해야 한다. 독자가 빠르게 글쓴이의 메시지를 알아차리게 하기 위해서다.

다이어트 약의 출시를 앞두고 마케팅 회의를 하는 상황이다. 마케팅 부서는 '요요 없는 ○○○ 다이어트 약, 한 달에 5kg 감량!'이라는 카피를 내놓는다. 개발 부서에서 "그런데 이 약은 유산균이 많이 들어 있어서 변비에도 효과가 좋고, 철분이 많아서 빈혈 예방도 되고요. 아, 콜라겐이 있어서 피부도 좋아져요. 장점이 많은 걸 고객들이 알면 더 좋아하지 않을까요?"라고 한다. 두 부서의 의견을 모두 듣던 사장님은 "그래, 이 약 개발에 얼마나 많은 투자를 했는데. 알릴 수 있는 건 다 알려야지. 개발 부서 의견에 따라 수정하는 게 좋겠어."라고 결정한다. 최종 카피는 "한 알로 변비 개선, 빈혈 예방, 피부 관리까지 할 수 있는 ○○○ 다이어트 약!"이 된다. 거의 모든 회사에서 일상적으로 일어나는 일이다.

이 다이어트 약이 전하고자 하는 메시지는 무엇일까? 살이 빠진다는 것일까, 변비가 개선된다는 것일까, 피부가 좋아진다는 것일까? 이 카피를 스치듯 지나치는 사람은 메시지의 핵심을 잡을 수 없다. 나에게 꼭 필요한 약이라는 생각이 들지 않는다. 무심히 넘겨버리게 된다.

우리가 소개하는 제품은 보통 여러 개의 장점을 가지고 있다. 그 많은 장점을 다 알리고 싶은 유혹에 빠진다. 하지만 상대방은 그 모든 이야기에 관심이 없다. 독자의 주의력은 한정적이다. 김치냉장고에는 무엇이든 넣을 수 있다. 김치냉장고가 성공한 이유는 '김치 숙성' 하나에 집중했기 때문임을 기억하자. 하나의 글에는 하나의 메시지만 전달해야 한다.

최대한 많은 정보를 제공하는 것이 독자를 배려하는 방법이라고 생각할 수 있다. 아니다. 하나의 글에 하나의 메시지만 넣는 것이 독자를 배려하는 길이다. 독자는 바쁘다. 장황한 글을 읽어줄 시간이 없다. 판단을 위한 강력한 단 하나의 이유가 필요하다. 단하나도 제대로 설득하기 어려운 게 현실이다. 핵심 메시지를 간결하게 전달해야 한다. 그래야 독자의 관심을 끌 수 있다. 나아가 불필요한 혼란을 없애고 빠른 결정을 유도할 수 있다. 상대방이 알아야 할 단 하나의 장점에 집중하자. 글을 압축했을 때 핵심 메시지를 한 문장으로 요약할 수 있어야 한다.

구체적으로
독자를 상상하라

최근 SNS 광고를 보다가 '목주름 크림'을 샀다. 크림을 바른 후 목의 주름이 펴진 비포 앤 애프터 사진과 "목에 주름이 있으면 옷 태가 안 살아요"라는 문구에 혹해서다. 나중에 알고 보니 그 브랜드는 비슷비슷한 성분으로 '목주름 크림', '눈가 주름 크림', '가슴 크림'을 각각 만들어서 팔고 있었다. 만약 '눈가 주름 크림'이라고 광고했다면 그 크림을 목에 바를 생각을 했을까? 아니, 애초에 그 크림을 살 마음을 먹었을까? 아니다. 마침 목주름이 신경 쓰이던 내가 그 광고를 보고 홀리듯 구매 버튼을 누른 것이다. 아마도 SNS 광고의 알고리즘은 평소 SNS 이용 행태를 분석한 결과 나를 '패션에 관심이 많은 소비자' 집단으로 분류해두었을 것이다. '목주름이 고민이고, 패션에 관심이 많은' 나에게 "목에 주름이 있으면 옷 태가 안 살아요"라는 광고가 정확히 먹힌 것이다.

글을 쓰는 1차 목적은 독자가 읽게 하는 것, 2차 목적은 반응을 끌어내는 것이라고 했다. 그러려면 독자가 무엇에 관심을 보일지 알아야 한다. 회사에서 보고서를 받아보는 부장님이 궁금한 것은 예산과 기간이다. 상무님이 궁금한 것은 손익분기점이다. 사장님이 궁금한 것은 브랜딩 효과다. 서로 궁금한 것과 중요하게 생각하는 가치가 다르다. 그 사람은 무슨 정보를 원할까? 그 사람의 고민은 무엇일까? 그 사람은 어떤 가치관을 가지고 있을까? 이 질문에 대한 답을 구하려면 읽는 사람을 최대한 구체적으로 상정해야 한다. 뾰족하게 타기팅을 해야 한다. 그렇지 않으면 글이 두루뭉술해지고 만다.

독자를 한정해서 타깃을 좁히는 것이 불리하다고 생각할 수 있다. 대중을 향한 글쓰기를 한다면 불안할 수도 있다. 소수의 사람만 내 글에 관심을 보일 것 같아서다. 의외로 그렇지 않다. 사람 사는 것이 비슷비슷하고 심리도 크게 다르지 않다. 이를 바넘 효과Barnum effect라고 한다. 성격이나 특징에 대한 보편적인 묘사를 본인 한 사람과 정확히 일치한다고 생각하는 경향이다. 타깃을 콕 집어 부르자. 독자는 나의 마음을 들여다본 듯 고민을 정확하게 짚은 글에 마음이 움직인다. 탄탄한 고객을 확보할 수 있다. 모두를 위한 글은 사실 아무에게도 필요 없는 글이다.

독자를 잘 알고 그의 입장에서 쓴 글이 좋은 글이다. 이것이 글쓰기의 기본임에도 불구하고, 글을 쓰는 순간에는 자주 잊는다.

글을 쓰는 나의 상황에, 글에 취해 독자를 잊는다. 쓰던 글을 멈추고 독자 입장에서 읽어보자. 구체적인 독자를 상상하고 그에게 이 글이 매력적일지 생각해보자. 내가 쓰는 글은 독자가 읽을 때에만 가치가 있다.

독자가 듣고 싶은
말은 정해져 있다

일하다 보면 이런 경우가 종종 있다.

"○○ 님, A에게 받기로 한 자료는 오늘까지 도착하나요?"
"오늘까지 보내달라고 말해놨습니다."

질문한 사람은 '당신이 A에게 자료를 달라고 말했는지, 아닌지'
를 물어본 것이 아니다. '오늘 자료가 도착하는지'가 궁금한 것이
다. "오늘 오후 3시까지 받기로 했습니다"가 알맞은 답이다. '나는
오늘까지 달라고 말은 했다'고 대답하는 건 질문자가 궁금한 것
과 상관없이 내가 할 말만 하겠다는 태도다.

가장 좋은 글은 '독자가 읽고 싶어하는 글'이라는 말이 있다. 글
을 쓸 때 우리는 상대방이 원하는 답을 해줘야 한다는 것을 자주

잊는다. 내가 하고 싶은 말을 하는 경우가 많다. 실용 글쓰기는 독자에게 정보를 제공해서 문제를 해결하고 결정을 돕기 위한 것이 대부분이다. 면접관은 '우리 회사에 적합한 인재를 찾아야 하는' 문제를 안고 있다. 지원자는 그 문제를 해결하기 위해 '내가 그 회사에 가장 적합한 인재'라는 정보를 제공해서 면접관이 안심하고 채용을 결정할 수 있도록 자기소개서를 작성해야 한다. 회사의 인재상과 상관없는 경력과 성장 과정을 구구절절 늘어놓는 건 내가 하고 싶은 말만 하는 것이다.

우리가 쓰는 실용적인 글, 비즈니스 글에는 대부분 상대방이 듣고 싶은 답이 정해져 있다. 글을 써야 하는 상황에서 '무엇을 쓸지' 고민하는 경우가 많다. 주제와 내용을 찾아 여러 자료를 뒤적이며 시간을 소비한다. 답은 상대방에게 있다. 특히 비즈니스 글에서는 그렇다. 상사가 보고서 작성을 지시했을 때, 그는 이미 대략적인 마음을 먹고 있는 경우가 대부분이다. 우리가 할 일은 그 주제에 맞게 필요한 정보를 찾아 잘 정리하는 것이다. 상사가 어림짐작으로 먹은 마음을 정확한 팩트로 뒷받침하는 것이다. 그래서 그가 자신 있게 결정할 수 있도록 확실한 근거를 제공하는 게 보고서의 할 일이다. 새로운 주장이나 신선한 아이디어를 찾아 헤맬 필요가 없다.

그러려면 독자가 무엇을 요구하는지 정확하게 파악하는 것이 우선이다. 통상의 비즈니스 관계라면 글을 쓰기 전에 오가는 대화에서 그것을 확인할 수 있다. 보고서나 기획서를 쓰기 전 '갑'에게 최대한 많은 질문을 하고 그의 이야기를 충분히 들어야 하는 이유다. 그가 명확한 방향성을 제시해준다면 더할 나위 없다. '명확한 디렉션'을 '좋은 갑', '좋은 상사'의 자질로 꼽는 이유다. 제품을 출시하기 전 FGIFocus Group Interview 같은 자리를 마련해 소비자의 목소리를 듣는 것도 그래서다.

'무엇을 쓸까' 고민하지 말자. 그 시간에 독자의 문제가 무엇인지, 그가 무엇을 결정해야 하는지, 그의 결정을 돕기 위해 내가 어떤 정보를 주어야 하는지 파악하자. 그 결과 그가 듣고 싶은 답을 제시하자. 그런 글이어야 독자가 빠르게 결정할 수 있다. 내가 하고 싶은 말을 늘어놓느라 독자의 시간을 낭비하지 말자. 독자가 결정하는 데 들이는 시간을 늘리지 말자. 참신한 아이디어를 찾아 헤매는 것보다, 아름다운 문장을 쓰기 위해 고민하는 것보다, 독자가 원하는 답이 무엇인지 알아내는 것이 글쓰기를 한결 쉽게 만들어줄 것이다.

독자의 반응이
곧 글을 쓰는 목적이다

LIKE!!

우리가 쓰는 글의 목적은 독자의 결정을 얻어내는 것이라고 앞서 말했다. 그 결정은 구체적인 행동을 동반한다. 구매, 채용, 회신 같은 것이다. 그러려면 목적을 정확하게 밝혀야 한다. 판매를 한다면 "이 제품을 구입해주세요"라고. 이메일을 보낼 때는 "○월 ○일까지 B에 대한 내용을 회신해주세요"라고.

사람들은 생각보다 타인이 하는 말을 대충 듣는다. 얼기설기 입력된 정보를 자기 마음대로 해석한다. 정확하게 원하는 바를 말하지 않으면 어떻게 될까? 자기가 명확하게 말하지 않고선 "그걸 일일이 다 말을 해줘야 알아?"라고 한다. 맞다. 일일이 다 말을 해줘야 안다. 글도 마찬가지다.

사업계획 보고라면 이 일을 하기 위해 이만큼의 예산을 이때까지 할당해달라고 해야 한다. 제품을 소개했다면 지금 당장 구입하라고 해야 한다. 우리가 쓰는 글은 단순한 정보의 나열에 그쳐서는 안 된다. 내가 이만큼의 정보를 제공했으니 판단은 독자의 몫이라고 생각해선 안 된다. 글을 다 읽은 독자가 '그래서 뭘 하라는 거지?' 하는 궁금증이 남아서는 안 된다. 열린 결말의 여운은 문학작품에서나 남기는 것이다. 우리가 쓰는 글에는 궁금증이 없어야 한다.

독자의 반응은 글쓴이가 결정하는 것이다. 독자의 반응이 곧 글을 쓰는 목적이다. 정확한 반응을 노리고 써야 한다. 반응을 끌어내는 종지부를 확실히 찍어줘야 한다. "너를 좋아해"라는 정보를 전달했다면 "우리 사귈래?"라는 확정적 한 마디를 덧붙여야 한다. 그래야 "그래, 우리 사귀자"라는 답을 얻어 목적을 달성할 수 있다.

읽는 이의 지식수준을 고려하라

기자들은 교육을 받을 때 '중학교 1학년'이 이해할 수 있게 쓰라고 배운다. 기본적인 상식과 읽기 능력을 갖췄다면 누구나 이해할 수 있게 쓰라는 뜻이다. 신문기사는 전 국민이 다 읽는 것이기 때문이다. 글을 쓸 때는 글을 읽을 독자의 지식수준을 고려해야 한다. 책 『영 포티, X세대가 돌아온다』에서 '시간 브랜드'란 개념을 소개한 적이 있다.

'시간 브랜드Zeitmarken'라는 개념이 있다. 독일 칼스루에 대학의 마케팅 및 미디어 · 소비자 문화 교수인 '뵈른 보넨캄프Björn Bohnenkamp'의 표현이다. 어떤 브랜드는 특정한 시대를 다른 시대와 구별하는 표식이 된다는 것이다. 그리고 특정 시기에 이 브랜드를 함께 경험한 같은 세대에게는 동질성과 소속감을 불러일으킨다.

이러한 시간 브랜드는 보통 미디어 상품(TV프로그램이나 영화), 장난감, 라이프스타일 제품(패션 등) 등 일상생활과 밀접히 연관된 상품인 경우가 많다.

사회학 연구를 위해 고안된 이 개념을 누구나 이해할 수 있도록 설명하기 위해 다음과 같은 예시를 덧붙였다.

'삐삐'라는 제품은 특정 시기에 삐삐를 사용한 사람들에게 동질감을 부여한다. 우리는 X세대를 '삐삐 세대'라고도 부를 수 있다. 삐삐는 X세대에게 과거의 집단적인 기억을 호출하는 상징이 된다. 동시에 다른 세대와의 차별성을 부여한다. 삐삐를 사용해본 적 없는 세대는 삐삐 세대의 기억에 동참할 수 없다. 삐삐는 X세대가 과거의 추억을 소환하고 이를 통해 동년배들과의 동질감을 형성하도록 하는 그들만의 매개체인 것이다. 그리고 이를 통해 서로 일면식도 없는 수많은 X세대가 밀접하게 연결된 듯한 느낌을 가지게 된다.

위의 문단이 다소 이해하기 어렵더라도 아래의 예시를 보면 '시간 브랜드'라는 개념이 어떤 의미인지 대충 그림이 그려질 것이다. 사람들이 잘 모르는 개념과 용어를 사용했기 때문에 예시를 들어 설명했다. X세대를 다룬 책이기 때문에 삐삐를 예로 들었다.

글을 쓸 때에는 읽는 사람의 지식수준을 고려해야 한다. 기본적으로는 쉽게 써야 한다. 내가 하려는 얘기가 독자 입장에서 생소할 것 같다면, 독자가 아무것도 모른다는 전제하에 써야 한다. 나에게 당연한 것이 독자에게도 당연하지는 않다. 내가 알고 있는 것을 상대방도 당연히 알고 있다고 생각하면 안 된다. 특히 전문용어나 이론, 개념 등을 설명할 때에는 적절한 설명과 예시를 곁들이면 좋다. 투자의 대가 워런 버핏은 자신의 투자 원칙인 '복리'의 강력함을 설명하기 위해 투자자들에게 이런 예를 들곤 한다.

> 1540년 프랑스 프랑수아 1세는 레오나르도 다빈치의 <모나리자>를 2만 달러에 구입했다. 만약 그가 같은 돈을 연간 6%의 복리 수익률을 제공하는 금융상품에 투자했다면 그의 재산은 1964년 무렵 1,000조 달러가 됐을 것이다.

'지식수준'이 곧 '지적知的 수준'을 뜻하는 것은 아니다. 나보다 지적 수준이 높은 독자라 하더라도 특정 분야에서 지식수준이 나와 다를 수 있다. 여기 회계 부서에서 마케팅 부서로 옮겨온 부장님이 있다. 실무자인 나는 그에게 업무 경과와 앞으로의 계획에 대한 브리핑을 해야 한다. 그의 지적 수준은 나보다 낮지 않을 것이다. 그러나 마케팅 분야에 대한 지식은 전무할 수 있다. 그런데 보고서에 부가적인 설명 없이 ROAS, CTR, SEO, CTA 따위의 용어를 나열한다면 그는 난감해진다. 소탈한 사람이라면 자신이 잘 모른다는 사실을 고백하고 궁금한 것을 물어보겠지만, 소심한 사람이라면 모르는 용어를 하나하나 찾아가며 공부하는 불면의 밤을 보낼 것이다. 권위적인 사람이라면 '나를 무시하는 건가?' 하며 자존심이 상할 수도 있다. 어떤 쪽이건 읽는 사람을 불쾌하거나 곤란하게 하는 글은 친절하지 않다.

때에 따라선 지나치게 자세한 설명이 독이 될 수도 있다. 보통 실무자는 자기가 하는 일에 대해 자세한 내용을 모두 알고 있다. 위로 올라갈수록 디테일에 대해서는 잘 모른다. 대신 전체적인 구조와 방향성에 대한 큰 그림을 꿰고 있다. 실무에 매몰되다 보면 윗사람도 자신과 비슷한 수준으로 디테일을 파악해야 할 것 같다고 생각하는 경우가 많다.

주문한 부품이 거래처 사정으로 3일 정도 늦게 도착하는 상황이다. 여기서 '거래처 사정'이 '운송을 담당하는 기사가 교통사고로 다리 골절상을 당했는데 대체할 수 있는 인력은 부산에 출장을 가서 바로 운송이 어렵기 때문'이라고 치자. '운송기사의 골절상'이나 '대체 인력의 부산 출장' 같은 부수적인 정보까지 전달할 필요는 없다. 내 입장에서 중요한 디테일을 시시콜콜 전달하려고 하는 경우다. 중요한 것은 '사고로 인한 대체 인력 부족으로 3일 지연'과 그에 따른 손실이다. 꼭 알아야 하는 것이라면 설명하고, 상대방에게 불필요한 정보라면 과감히 빼야 한다. '내가 어디까지 쓰고 싶은지'에 따라 쓰는 것이 아니다. '상대방이 어디까지 읽고 싶은지'에 따라 쓴다.

사람들과 다른 방식으로 용어를 사용하는 것이 문제가 되기도 한다. 내가 일하는 회사에서 제품의 가격은 2가지 종류가 있다. '택Tag가'는 가격표에 인쇄된 최초 소비자가를 말한다. '실판가'는 '실제 판매되는 가격'을 말한다. 가격 인하, 특별 프로모션 등으로 인해 실제 판매된 가격, 즉 그 제품에 대해 고객이 실제 지불한 가격이다. 그런데 보고서에 '판매가'라는 새로운 용어가 등장하면 어떻게 될까? 읽는 사람은 이것이 택가를 지칭하는 것인지 실판가를 지칭하는 것인지 혼란스럽다. 핵심 개념 단어가 정확하지 않기 때문에 기준을 잡을 수 없다. 읽을 가치가 없는 보고서다. 업계에서 통용되는 용어가 정해져 있거나 같은 단어를 사용하는 사람들 간 약속이 명확할 때에는 그것을 지켜야 한다.

읽는 사람이 포털에 검색을 하거나 누구에게 물어보지 않아도 이해할 수 있도록 글을 써야 한다. 내가 쓴 글 자체만으로도 이해를 끝내야 한다. 내가 많이 안다는 것을 자랑하기 위해 글을 쓰면 읽는 사람에 대한 배려가 아니다. 나만의 세계에 갇혀 나만 알아볼 수 있는 글을 쓰는 것도 독자에 대한 예의가 아니다. 읽는 사람이 불편할뿐더러 글의 목적을 달성하지 못할 가능성이 높다. 독자가 글쓴이의 의도를 쉽게 알아차리도록 친절하고 명확하게 써야 한다. 그것이 독자에 대한 배려다.

2

독자가
읽고 싶은
글을 써라

독자가 충분하다고
느낄 만큼 쉽게 쓴다

무슨 일이든 기본이 중요하다. 좋은 글을 쓰고 싶다는 욕심에 앞서 글이 갖춰야 할 기본을 생각해본다. 우선은 읽을 수 있어야 한다. 우리가 쓰는 글은 대개 남이 읽어야 하는 글이다. 읽히지 않으면 가치가 없다. 아무리 좋은 내용을 담고 있어도 읽을 수 없으면 말짱 꽝이다. 읽을 수 있는 글을 쓰는 원칙은 간단하다.

1. 쉽게 쓴다
2. 짧게 쓴다
3. 말하듯이 쓴다
4. 정확한 단어를 쓴다

간단한 원칙이지만 지키기 어렵다. 몸값이 수십억 원에 달하는 프로선수들도 매일 기본기 연습을 한다. 기본이 제대로 갖춰지지 않으면 화려한 플레이를 할 수 없다. 글쓰기도 마찬가지다. 읽을 수 있는 글을 쓸 수 없다면 죽었다 깨어나도 좋은 글은 쓸 수 없다. 기본 이하의 글이 넘쳐나는 요즘이다. 기본만 지켜도 괜찮은 글을 쓸 수 있다.

한때 '보그병신체'란 단어가 화제가 된 적이 있다. 패션큐레이터 김홍기 씨가 블로그에 쓴 〈보그병신체에 대한 단상〉이란 글이 SNS를 타고 퍼지면서다. 이 글에서 비판하는 보그병신체란 이런 것이다.

이번 스프링 시즌의 릴랙스한 위크앤드, 블루톤이 가미된 쉬크하고 큐트한 원피스는 로맨스를 꿈꾸는 당신의 머스트 해브.[5]

토씨를 빼면 모두 영어를 소리 나는 대로 한글로 옮긴 문장이다. 이 글이 화제가 된 이후 패션업계에서도 예전처럼 과도하게 외래어를 쓰는 관행은 조금 줄어들었다. 이런 기괴한 글이 탄생한 이유는 무엇일까?

하나는 '있어 보이려는' 강박 때문이다. 예전에는 신문기사도 토씨를 제외하면 모두 한문이었다. 컴퓨터와 스마트폰이 보급되기 전에는 글을 쓰고 읽는 것 자체가 지적인 활동으로 여겨졌다. 아무나 읽고 쓰는 게 아니라 배운 사람들끼리 어려운 단어를 사용해서 쓰고, 읽었다. 글쓰기가 특별한 행위로 취급되다 보니 쉽게 풀어쓰는 글보다 어려운 글을 더 수준 있는 글로 여겼다. 글쓰기에 대한 이런 태도가 지금까지도 남아 있다. 글을 쓰려고 하면 뭔가 있어 보이는 걸 쓰려고 한다. 쉬운 단어를 놔두고 영어, 전문 용어, 약어, 한자어를 남발한다. 전문직 종사자나 고학력자일수록 흔히 보이는 현상이다.

두 번째 이유는 쓰려고 하는 것에 대해 잘 모르기 때문이다. 첫 번째 이유보다 이게 좀 더 심각하다. 첫 번째는 습관을 고치면 되지만 두 번째를 고치려면 개념부터 바로잡아야 하기 때문이다. 패션업계 종사자들이 영어를 많이 섞어 쓰는 이유는 외래어를 대체할 한국말 단어를 찾지 못해서인 경우가 많다. 위 예문의 '쉬크한'은 우리말로 적당한 말을 찾기 어렵다. '멋진' 또는 '세련된'이라고 쓰면 그런대로 뜻은 통하겠지만 '쉬크'라고 썼을 때의 의미를 백 퍼센트 전달하지는 못 한다. 우리가 지금 입는 의복 대부분이 서구에서 들여온 것이다 보니, 의복을 표현하는 개념도 서구에서 들여온 것을 그대로 쓴다. 한국어로 개념을 정리하지 못하다 보니 꼭 맞는 단어를 찾지 못하고 외래어를 사용하는 것이다.

'쉬운 글'은 두 가지 의미가 있다. 하나는 '읽기 쉬운 글'이고, 나머지는 '쓰기 쉬운 글'이다. 쉽게 쓴다는 글쓰기의 원칙에서 '쉬운 글'은 독자가 '읽기 쉬운' 글을 말한다. 쓰기 쉬운 글은 그냥 손 가는 대로 쓰면 된다. 읽기 쉬운 글이 더 쓰기 어렵다. 어떤 글을 쓰고 있는데 계속 어려운 단어를 사용하고 있다? 그러면 내가 유식해졌다고 생각할 게 아니라 그 개념을 제대로 이해하고 있는지 다시 생각해봐야 한다. 개념을 내재화하지 못하면 쉽게 풀어쓸 수 없다. 쉽게 쓰는 것이 실력이다.

유시민 작가는 스스로를 '지식 소매상'이라고 부른다. 경제학자 토머스 맬서스, 헨리 조지, 역사학자 에드워드 카처럼 새로운 지식을 만들어낸 사람들이 지식 도매상이라면 자신은 그 지식을 대중들에게 이해하기 쉽게 전달하는 소매상이라는 것이다.

그는 유명 학자들의 어려운 지식을 쉽고 간결한 언어로 설명한다. 어려운 글을 쉽게 풀어쓰기로는 우리나라에서 그를 따라갈 사람이 없을 것이다. 그도 쉬운 글쓰기에 대해 이렇게 말한다. "읽기 쉬운 글이라고 해서 쓰기도 쉬운 건 아니다. 쉽게 쓰기가 오히려 더 어렵다." 어려운 내용을 어렵게 전달하는 건 누구나 할 수 있다. 내용의 질을 유지하면서 쉬운 말로 전달하는 게 진짜 고수다.

글을 쉽게 풀어쓰는 것은 대부분 추상을 구체로 풀어가는 작업이다. 이것을 얼마나 매끄럽게 해내느냐에 따라 글이 쉬운지, 어려운지가 정해진다. 글을 쓰는 사람은 내가 쓰고 있는 것이 추상에 대한 것인지 구체에 대한 것인지 구분해야 한다. 추상을 어느 정도까지 구체화할 것인지 가늠하면서 써야 한다. 독자가 충분하다고 느낄 수준까지 구체화시켜야 한다.

사실이 스스로 이야기한다는 주장은 진실이 아니다. 역사가가 이야기할 때만 사실은 말을 한다. 어떤 사실에게 발언권을 주며 서열과 순서를 어떻게 할 것인지 결정하는 게 역사가다.

에드워드 카의 역사 서술에 대한 글이다. '사실이 말을 하다'와 같은 추상적인 문장의 연속이다. 유시민 작가는 이 글을 아래와 같이 풀어서 썼다. 아리송하던 글이 손에 잡히듯 가까워졌다.

물론 사실은 중요하다. 하지만 앞서 말한 것처럼 역사가는 과거의 모든 사실을 알 수 없다. 아는 사실이 전부 기록할 가치가 있는 것도 아니다. 역사가는 과거 사실의 일부를 알 뿐이며, 그중에 의미 있고 중요한 사실을 추려서 이야기를 만든다.[6]

쉬운 글이 사랑받는 시대다. 나만 해도 한문이 많이 섞인 글, 전문용어가 난무하는 글은 피하게 된다. 우리의 독자는 바쁘다. 주의를 기울여야 할 것도 많다. 어려운 글과 쉬운 글이 있다면 쉬운 걸 선택하게 된다. 굳이 어려운 글을 해석하느라 노력과 시간을 들일 필요가 없다. 내가 쉬운 글을 읽고 싶다면 남도 쉬운 글을 읽고 싶은 건 당연하다. 억대 연봉을 받는 스타 강사들은 모두 쉽게 말한다. 쉽게 설명할수록 사람이 모인다. 쉽게 써야 독자가 찾아 읽는다.

문장도 글도
가능한 짧게 쓴다

글이 쉬워지려면 짧아야 한다. 글이 짧다는 것은 두 가지다. 글을 구성하는 문장이 짧다는 것과 글의 전체 길이가 짧다는 것이다. 읽을 수 있는 글쓰기에서 더 중요한 것은 문장을 짧게 쓰는 것이다. 문장을 의식적으로 짧게 쓰자. A4 용지에 글자 크기 10포인트를 기준으로 한 문장이 한 줄을 넘지 않도록 쓴다. 이것을 지키려고 노력하다 보면 저절로 단문을 쓰게 된다. 문장을 짧게 쓰면 두 가지 좋은 점이 있다.

1. 문장이 쉬워진다
2. 글에 리듬이 생긴다

문장에 주어와 서술어가 하나씩만 있는 게 단문이다. 문장 하나에 한 가지 내용만 넣으면 단문이 된다.

> 외국 사람들과 얘기할 때마다 늘 나를 놀라게 하는 것은 그들이
> 우리나라를 우리 자신보다도 훨씬 더 대단하게 생각한다는 사실
> 이다.

→ 외국 사람들과 얘기할 때마다 늘 나를 놀라게 하는 사실이 있
다. 그들이 우리나라를 우리 자신보다도 훨씬 더 대단하게 생각한
다는 사실이다.

복문이었던 문장을 '내'가 주어인 문장과 '외국 사람들'이 주어인 문장으로 나누었다. 글의 길이는 길어졌지만 각 문장의 의미는 단순해졌다.

복문은 한 문장에 주어와 서술어가 두 개 이상 있는 문장을 말한다. 복문을 쓰면 문장의 구성이 복잡해진다. 주술관계가 얽혀 문법적으로 틀릴 가능성이 높아진다. 단문을 쓰면 문법적으로 꼬일 일이 없다. 의미를 정확하게 전달할 수 있다.

문장을 짧게 쓰면 글에 리듬감이 생긴다. 아래 문장을 의미 단위로 나누면 2개도 충분하다. 그렇지만 3개로 나누면 좀 더 리듬감이 생긴다.

그는 전에 만났을 때보다 머리를 짧게 자르고 밝은 갈색으로 염색해서 뒷모습만으로는 나이보다 어려진 듯 보였다.

→ (2개) 그는 전에 만났을 때보다 머리를 짧게 자르고 밝은 갈색으로 염색도 했다. 뒷모습만으로는 나이보다 어려진 듯 보였다.

→ (3개) 그는 전에 만났을 때보다 머리를 짧게 잘랐다. 밝은 갈색으로 염색도 했다. 뒷모습만으로는 나이보다 어려진 듯 보였다.

단문은 의식적으로 써야 한다. 손 가는 대로 쓰다 보면 문장이 길어진다. 습관이 배지 않으면 처음부터 단문을 쓰기는 쉽지 않다. 쓰고 있는 문장을 잘라서 단문으로 만들 수 있는지 확인하는 습관을 들이자. 우선은 의미 단위로, 문장의 관절을 자른다는 느낌으로 나눈다. 문장 자르기에 익숙해지면 요령이 생긴다. 어떻게 자르면 리듬감이 생길지 감을 잡게 된다. 무조건 짧은 문장만 반복하는 게 아니라 짧은 문장 – 짧은 문장 – 긴 문장 – 짧은 문장 이런 식으로 짧은 문장과 긴 문장을 적절히 배열하면서 리듬을 만들 수 있다. 글에 리듬감이 있어야 읽는 사람도 지치지 않고 쭉쭉 읽어나갈 수 있다.

단문을 쓰면 나중에 글을 고칠 때도 좋다. 문장 하나에 메시지 하나를 담고 있어 글의 기본 단위가 된다. 글을 고치면서 문장을 떼어다 여기도 붙여보고 저기도 붙여볼 수 있다. 처음부터 문장을 길게 쓰면 이렇게 떼서 다른 데 붙여볼 수 없다. 문장 하나를 고치려면 문단을 통째로 다시 써야 하는 일이 생긴다. 가벼운 단문으로 글을 구성해야 자유롭게 글을 고칠 수 있다. 짧게 짧게 쓰다가 단문과 단문을 붙여서 긴 문장도 만들어본다. 그러면서 리듬이 있는 글을 완성할 수 있다.

문장뿐 아니라 글 자체의 길이도 짧은 게 좋다. 요즘은 짧은 글이 환영받는다. 주례사도 짧게, 교장선생님 말씀도 짧게 해야 사람들이 좋아한다. SNS가 보편화되면서 사람들은 긴 글을 견디기 힘들어한다. 글을 소비하는 호흡이 짧아졌다. 글이 길어지는 건 같은 내용을 반복하기 때문인 경우가 많다. 비슷한 말을 반복하는 건 내용에 자신이 없어서다. 읽는 사람이 내 말을 이해했는지 확신이 없어서다. 앞에서 썼던 내용을 다시 한번 반복해야 안심이 되기 때문이다. 글 쓰는 사람이 불안하면 독자도 불안하다. 글을 믿고 읽을 수 없다. 짧고 굵게, 독자에게 신뢰를 주는 것이 독자를 배려하는 방법이다. 중언부언하는 긴 글보다 짧고 명료한 글이 믿을 수 있다.

말하듯이 쓴다

커피를 마시며 수다를 떨 때, 술을 마시며 속 깊은 애기를 할 때, 가끔씩 깜짝 놀란다. '내가 이런 생각을 하고 있었나? 내가 이렇게 말을 잘했나?' 하고 느낀 것이다. 말을 하면서 생각이 정리되는 경험을 할 때가 있다. 애초에 글보다 말이 먼저 있었다. 사람들은 글보다 말을 먼저 배운다. 말이 먼저고, 그 말을 공중에 흩어버리지 않기 위해 정리한 게 글이다. 말과 글은 다르지 않다. 말하듯이 쓴 글이 읽기에도 좋다.

다만, 말에는 구멍이 있다. 말투나 표정, 몸짓 같은 비언어적 요소도 말뜻을 전달하는 데 큰 역할을 하기 때문이다. 글을 쓸 때는 말하듯이 쓰되 말 자체로 다 전달하지 못하는 부족함을 메꾸면 충분하다. 그런데 글을 쓰려고 작정하면 말하듯이 써지지 않는다. 뭔가 더 있어 보이고 멋진 단어를 구사해야 할 것 같은 강박이 생기기 때문이다. 『우리 글 바로 쓰기』의 저자 이오덕 선생은 "자신이 평소에 하던 말 그대로 써도 괜찮아요. 더러 서투른 말이 괜찮아요."라며 이런 강박을 떨쳐버릴 것을 권한다.

일상생활에 쓰는 단어를 글에 그대로 쓴다고 해서 글의 격이 떨어지지 않는다. 미국의 대표적인 소설가 스티븐 킹은 자신의 글쓰기 원칙에 대해 쓴 책 『유혹하는 글쓰기』에서 다음과 같이 요구한다. "지금 이 자리에서 엄숙히 맹세하기 바란다. '평발'이라는 말을 두고 '편평족'이라고 쓰지는 않겠다고. '존은 하던 일을 멈추고 똥을 누었다' 대신에 '존은 하던 일을 멈추고 생리 현상을 해결했다'라고 쓰는 일은 절대로 없을 것이라고 말이다." 굳이 천박한 단어를 쓰라는 게 아니라 가장 생생하고 적합한 단어를 쓰라는 뜻이다.

입말로 쓰자. 친구한테 얘기하듯이, 차 마시며 수다 떨듯 써보자. 그러면 자연스럽게 어려운 단어나 한자어를 덜 쓰게 된다. 친구한테 얘기하는데 "주가가 하락했어"라고 말하지 않는다. "주가가 떨어졌어"라고 한다. 글에도 그렇게 쓰면 된다. 과장된 꾸밈말도 덜 쓰게 된다. "너무나도 좋았어"라고 말하지 않는다. "너무 좋았어"면 충분하다. 딱딱한 맺음말도 마찬가지다. 일상에선 아무도 "~하였다", "~되었다"라고 말하지 않는다. 글도 "~했다", "~됐다"라고 쓰면 된다.

말하듯이 쓰고 그 다음에 고치면 된다. 거친 부분을 다듬고 말의 구멍을 메우면 된다. 말하듯이 자연스럽게 썼는지는 소리 내서 읽어보면 안다. 꼭 '소리 내서' 읽는다. 소리 내서 읽어보면 눈으로 읽을 땐 보이지 않던 부분이 보인다. 발음이 꼬이거나 단어의 배치, 글자의 배열이 이상한 걸 느끼게 된다. '캠릿브지 대학의 연결구과에 따르면~'이라는 문장은 눈으로 보면 휘리릭 읽을 수 있다. 소리 내서 읽어보면 '캠릿브지'란 단어부터 턱 막힌다. 내 목소리가 제3자 역할을 하면서 객관성이 생기기 때문이다. 글을 쓰고 난 뒤 꼭 소리 내어 읽으면서 어색한 부분을 바로잡자.

정확한 단어를 쓴다

글도 의사소통 수단이다. 의사소통이 되려면 읽는 사람과 쓰는 사람이 서로 같은 언어를 써야 한다. 그리고 글은 남는다. 말과 달리 글은 한 번 쓰면 변하지 않는다. 몇 단계를 거쳐 전달되든 처음 쓴 그 상태로 유지된다. 잘못 말해도 그 자리에서 바로잡을 수 있는 것과 달리 글은 글 자체로 이해할 수 없으면 의사소통이 안 된다. 그래서 글은 읽는 사람이 명확하게 파악하도록 써야 한다.

한국 사람들끼리 의사소통을 한다면 한글을 써야 한다. 되도록 표준어를 쓴다. 정확한 단어를 사용한다. 한국어를 사용하는 보통 사람이라면 모두 이해할 수 있는 단어를 쓴다. 맥락에 맞는 정확한 단어를 쓴다. 단어의 뜻을 정확하게 알지 못하고 쓰는 경우가 꽤 많다. 지난주 판매실적에 대한 리뷰 보고서에 '○○ 티셔츠는 갑자기 기온이 올라서 잘 팔린 것으로 예상한다.'라고 쓰면 단어의 본래 뜻과 다르게 쓰는 것이다. 과거의 일을 '예상'할 수는 없다. 이 문장에선 '정확한 이유는 알 수 없지만 이러이러한 이유일 것이다' 정도의 뜻으로 '예상'을 사용했다. '추측한다'라고 썼으면 됐을 것인데, '추측'이라는 말은 뭔가 자신이 없어 보인다. 좀 더 자신이 있다면 '판단한다' 정도로 대체하면 된다.

일상에서 흔히 쓰는 단어인데 그 뜻을 정확하게 알지 못하고 뭉뚱그려 쓰는 경우가 많다. 글을 쓸 때 단어의 뜻을 정확하게 짚고 쓰는 것이 좋다. 핵심적인 단어일 경우, 단어의 뜻에 따라 글 전체의 내용이 바뀔 수도 있다.

매출을 올리기 위한 보고서를 쓸 때 '확장'이란 단어와 '성장'이란 단어 중 하나를 쓴다고 치자. '확장'은 횡적橫的인 단어다. '확장 전략'을 짠다면 옆으로 범위를 넓히는 전략을 짤 것이다. 신사업에 진출한다거나 신규 상품을 개발하는 식이다. '성장'은 종적縱的인 단어다. '성장 전략'을 짠다면 할인 프로모션이나 새로운 마케팅 방법을 고민할 것이다. 단어를 정확하게 정의해야 제대로 된 방향성이 나오는 경우도 있다. 핵심 단어를 사용할 때는 아는 단어라도 다시 한번 사전을 찾아보는 습관을 들이는 게 좋다.

맞춤법은 기본이다. 우리말은 어법이나 띄어쓰기가 까다롭고 예외도 많다. 그래선지 인터넷이나 SNS에 쓰는 글은 맞춤법을 거의 무시하는 분위기다. 맞춤법이 의사소통에 큰 지장을 주지 않더라도 글의 신뢰도에는 영향을 미친다. 읽는 사람이 맞춤법에 예민하다면 내용과 상관없이 그 글은 믿을 수 없는 글이 된다. 우리말 맞춤법은 갑자기 익히기엔 까다롭다. 평소에 맞춤법 검사기로 검사하는 습관을 들이면 좋다. 맞춤법 검사기로 검사한 후 그 단어의 예문을 같이 확인하면 맞춤법에 대한 감을 좀 더 빨리 잡을 수 있다. 단어 하나로 공들여 쓴 글의 가치를 훼손시키지 않으려면, 우선 기본은 해야 한다.

단어

1_ '의'와 '것'을 피하자

문장에서 '의'와 '것'을 빼보자. 작은 변화로 문장을 세련되고 간결하게 만들 수 있다.

> 우리는 아침 8시에 학교 앞의 주차장에서 만나기로 했다.
> → 우리는 아침 8시에 학교 앞 주차장에서 만나기로 했다.

'의' 한 글자만 빼도 문장이 훨씬 산뜻해졌다.

원래 우리말에는 '의'를 많이 쓰지 않았다고 한다. 일제 강점기를 거치며 '의'를 흔히 사용하게 됐는데, 일본어 조사 '노の'에서 영향을 받은 결과다. '노'는 우리말 '의'보다 좀 더 다양한 의미로 사용된다. 우리말로 치면 은·는·이·가를 써야 하는 자리에도 일본어는 '노'를 쓴다. 일본어 '노' 사용법처럼 '의'를 남용하다 보니 한국어 문법에 맞지 않는 '의' 사용이 늘어났다. '나의 살던 고향은' 같은 표현이 대표적이다. 문법에 맞게 쓰려면 '내가 살던 고향은'이 맞다.

국민은 <u>정치권의</u> 변화하는 모습을 기대한다.

→ **국민은 <u>정치권이</u> 변화하는 모습을 기대한다.**

일본식으로 사용한 '의'를 우리말 '이'로 바꾸면 좀 더 담백한 느낌
이 든다. 일본식 '의'에서 더 나아가 '에서의', '에로의'처럼 '의'를
겹쳐 쓰기도 한다. 역시 일본식 표현이다. '평균으로의 회귀', '공
공시설에서의 흡연 금지', '망각으로부터의 기억의 상실' 같은 표
현이 이에 해당한다. 특히 이런 사용법은 논문이나 법률 용어, 비
평글 등에서 자주 볼 수 있다. 스스로 많이 배웠다고 생각하는 사
람일수록 이렇게 쓰는 경우가 많다. 읽는 사람은 글이 친절하지
않고 권위적이라고 느낀다. 대중을 향해 글을 쓴다면 자제하는
게 좋다.

'것'도 마찬가지다. '것'은 보통 큰 의미를 담고 있지 않은 경우가
많다. 뺄 수 있다면 빼는 게 좋다.

많은 사람이 있었지만 <u>그 일을 하는 것은 나의</u> 몫이었다.

→ **많은 사람이 있었지만 <u>그 일은 나의</u> 몫이었다. ('것' 삭제)**

→ **많은 사람이 있었지만 <u>그 일은 내</u> 몫이었다. ('것', '의' 삭제)**

위 문장에는 '것'과 '의'가 다 들어가 있다. '것'만 빼도 문장을 읽기 한결 편해진다. '의'까지 빼면 더욱 매끄럽다.

그 연예인을 특별하게 만드는 것은 무엇일까?
→ 그 연예인을 특별하게 만드는 요인은 무엇일까?

작년에 쓰고 남은 예산을 활용하는 것은 당연하다.
→ 작년에 쓰고 남은 예산을 활용하는 정책은 당연하다.

위 문장 2개에서 '것'은 각각 '요인'과 '정책'을 대신하는 대명사다. 우리가 '것'을 쓸 때는 마땅한 단어를 찾지 못해서인 경우가 많다. 일종의 뭉뚱그리기다. 통상 사용하는 '것'은 구체적인 단어로 대체할 수 있는 경우가 많다. '것'을 남발하면 글이 불명확하고 흐리멍덩해진다. '요인'이나 '정책'이 '것'보다 구체적이다. 최대한 구체적으로 써야 한다. 독자들이 알아서 짐작하지 않게 배려해야 한다.

2_명확한 단어를 선택하자

최근 '것'처럼 뭉뚱그리는 용도로 자주 쓰는 단어가 '부분'이다.

그 부분은 아직 경과가 어떻게 되었는지 확인되지 않은 부분이
있어서 제가 말씀드리기 어려운 부분입니다.

이런 식으로 말하거나 쓰는 사람을 흔히 볼 수 있다. 두 가지 중 하나다. 첫 번째는 적확한 단어를 생각해내지 못한 경우다. 아니면 의도적으로 회피하려고 할 때 이렇게 말한다. 정치권의 대변인이나 기업에서 문제가 생겼을 때 언론을 대하는 홍보담당자가 이런 표현을 많이 쓴다. 모호하게 만들어서 책임 소재를 줄이려는 의도다. 이런 식으로 쓰면 읽는 사람은 글쓴이가 뭔가 숨기려고 한다는 느낌을 받는다.

그 문제는 아직 경과가 확인되지 않아서 제가 말씀드리기 어렵습니다.

'부분'만 빼면 동일한 내용을 쓰더라도 훨씬 단호하고 신뢰감을 주는 글이 된다.
굳이 뭉뚱그리는 표현을 쓰지 않더라도 문맥에 맞는 명확한 단어를 선택하는 일은 쉽지 않다. 한자어의 영향으로 비슷하게 생겼는데 서로 다른 뜻을 가진 단어가 많기 때문이다.

내가 쓴 기안은 무사히 사장님 결재를 받았다.

이번 달 카드 값을 결제하지 못하면 신용불량자가 된다.

결제와 결재는 흔히 혼동하는 단어다. 나는 '결제'를 '제가 이 돈을 다 썼다고요?'로 기억하면 잊지 않는다는 팁을 SNS에서 읽은 후부터 확실하게 구별하게 됐다.

우리는 환경오염을 초래하는 화학원료 사용을 지양하고 있습니다.

미래를 지향하는 기업들의 필수 요건으로 ESG를 꼽는다.

지양과 지향은 둘 다 기업 홍보기사나 브로슈어에 자주 사용하는 단어다. 지양止揚은 더 높은 단계로 오르기 위해 어떤 것을 하지 않는다는 뜻이고, 지향志向은 어떤 목적을 향한다는 뜻이다. 헷갈리는 단어는 글을 완성하기 전에 꼭 한번 사전을 찾아 의미를 확인하는 게 좋다.

더 주의가 필요한 건 비슷한 뜻을 담고 있지만 단어에 따라 어감이 다른 경우다. 잘못 쓰면 의도와는 다른 의미를 전달하게 된다. '죽다'가 대표적이다. '돌아가셨다'거나 '별세하셨다'라고 쓰면 존경의 뜻이 되고, '죽었다'는 중립적이다. '뒈졌다'는 멸시의 뜻을 담고 있다.

> 대변인은 그 의혹이 사실무근이라고 <u>말했다</u>.
> 기업 관계자는 흑자전환 계획에 대해 <u>언급했다</u>.
> 그는 술에 취해서 쓸데없는 말만 <u>지껄였다</u>.
> 지금은 감히 성공을 <u>입에 담을</u> 때가 아니다.

'말했다', '언급하다'는 중립적인 표현이다. '지껄이다'는 확실히 부정적이다. '입에 담다'는 뜻 자체로는 부정적인 뜻이 없지만 주로 부정적인 의미로 쓴다. '회장은 신년사에서 희망찬 미래를 입에 담았다'라고 하면 어색한 글이 된다.

전달하려는 뜻을 명확하게 표현하려면 꼭 들어맞는 단어를 써야 한다. 얼버무리거나 회피하는 단어를 쓰지 않는 것은 물론이고, 뜻이 정확하고 문맥에 딱 맞는 단어를 골라 써야 한다. 어휘만 많이 안다고 해결되지 않는다. 어떤 단어가 어떤 문장에 어울리는지 파악하는 감이 있어야 한다. 이 감은 다른 사람이 쓴 좋은 글을 많이 읽어야 길러진다. 단어의 자연스러운 어울림은 맞춤법처럼 검사해서 답이 나오는 영역이 아니다. '어, 이상한데' 하고 느끼는 것이다. 이렇게 느끼려면 평소에 좋은 글을 많이 읽으며 사용법을 익혀두어야 한다.

3_잡초를 뽑자

토스의 UX Writing 원칙 중 '잡초 뽑기Weed cutting'가 있다. 잡초는 문장 안에서 아무런 기능을 하지 않는 단어를 말한다. 의미 전달에 지장이 없다면 빼는 것이 맞다. 간결한 문장을 쓰기 위해 기억해야 할 원칙이다.

A 짧게 쓸 수 있는 단어를 일부러 늘여 쓰지 않는다. '-하여', '-하지 않을 수 없다'와 같은 말은 문장에서 아무런 기능이 없다. 습관적으로 늘여 쓰는 문장이다. 이런 단어가 많으면 글이 늙어 보인다.

이번 강원도 산불은 <u>인재라 하지 않을 수 없다.</u>
→ **이번 강원도 산불은 <u>인재다.</u>**

할인을 받으려면 QR코드를 <u>사용하여</u> 접속하세요.
→ **할인을 받으려면 QR코드를 <u>사용해</u> 접속하세요.**

B 수식어를 절제하자. 문장의 의미를 강조하기 위해 '너무', '아주', '굉장히', '매우'와 같은 수식어를 마구 사용하는 사람이 많다. 수식어가 많으면 글이 어설퍼 보인다. 스티븐 킹은 "지옥으로 가는 길은 수많은 부사들로 뒤덮여 있다."고 했다.

기나긴 전쟁으로 곡물 가격이 아주 불안정한 상황에서 인도가
밀 수출을 금지하면서 가격이 천정부지로 치솟고 있다.

→ 긴 전쟁으로 곡물 가격이 불안정한 상황에서 인도가 밀 수출
을 금지하면서 가격이 치솟고 있다.

'기나긴', '아주', '천정부지로' 등 불필요한 수식어를 남용했다. '기
나긴'은 '긴'으로 줄일 수 있고 '천정부지로'는 뒤에 '치솟고'가 있
으므로 삭제해도 무방하다.

C 단어나 구절을 반복해서 쓰면 문장이 지루해진다. 같은 단어
를 쓰면 문장이 단조로워진다. 의미가 같지만 다른 단어로 바꿔
주는 게 좋다. 구절을 반복하면 늘어지고 볼품없어 보인다. '~하
는 경우 ~하게 될 경우가 생기고, 그럴 경우 ~하게 된다'는 식이
다. 생략과 대체를 통해 최대한 없애준다.

(단어 반복) 우리 매장은 많은 신발을 보유하고 있으며 아직은
손님이 많지 않지만 문의가 많아지고 있어 미래가 기대된다.

→ 우리 매장은 많은 신발을 보유하고 있으며 아직은 손님이 적
지만 문의가 늘어나고 있어 미래가 기대된다.

(구절 반복) 매출을 늘리기 <u>위해</u> 이번 달 말까지 신규 고객을 <u>위한</u> 할인 행사를 진행한다.

→ **매출을 늘리기 <u>위해</u> 이번 달까지 신규 고객 대상 할인 행사를 진행한다.**

캠핑을 하러 양평에 자주 간다. 초입에 커다란 광고판이 세워져 있는데, '바르고 공정한 행복한 양평'이라고 쓰여 있다. 볼 때마다 이렇게 고치면 좀 더 낫지 않을까 생각해본다.

바르고 공정한 행복한 양평

→ **바르고 <u>공정한 행복</u> 양평**

→ **<u>공정하고 행복한</u> 양평**

'공정한'과 '행복한'에서 반복되는 '-한'을 줄였다. '행복한 양평'은 '행복 양평'으로 축약해도 말이 된다. 슬로건을 쓸 때 많이 사용하는 방법이다. '바르고 공정한 행복 양평'이라고 줄여도 마음 한편이 찜찜하다. 의미 중복 때문이다. '공정한'의 뜻은 '공평하고 올바른'이다. '공정한'에 '바르다'가 포함되어 있다. 그렇다면 '바르고'는 지워도 된다. '공정하고 행복한 양평'이 됐다. 훨씬 간결해졌다.

우리가 쓰는 글에는 의미 중복도 많다. 강조하기 위해 이렇게 쓴다. 문장 형태만 봤을 땐 눈에 띄지 않지만 뜯어보면 줄일 수 있다.

성적을 올리려면 <u>우선</u> 건강을 <u>먼저</u> 챙겨야 한다.
→ 성적을 올리려면 건강을 <u>먼저</u> 챙겨야 한다.
→ 성적을 올리려면 <u>우선</u> 건강을 챙겨야 한다.

'우선'과 '먼저'는 같은 의미로 하나만 써도 충분하다. '앞으로 닥쳐올 일을 예상하다'와 '예기치 못하다'도 동일한 뜻이므로 하나를 선택해서 쓴다.

<u>앞으로 닥쳐올 일을 예상하지 못하고 예기치 못한</u> 사고를 당했다.
→ <u>앞으로 닥쳐올 일을 예상하지 못하고</u> 사고를 당했다.
→ <u>예기치 못한</u> 사고를 당했다.

이 외에도 의미가 중복되는 '역전 앞', '과반수 이상'과 같은 겹말도 자주 사용한다. '처갓집', '해안가' 같은 말은 일반적으로 사용되고 있어 표준어로 인정되기도 했다. 하나하나 따져서 사용할 수 없는 것이 현실이나 피할 수 있다면 피하는 것이 좋다.

E 습관적으로 쉼표를 많이 찍는 사람도 있다. 취향의 문제다. 문학적인 문장에서 자주 사용한다. '나는, 당신이, 아프다.'는 식이다. 틀린 문장은 아니지만 실용문에서 쓰면 지나치게 멋부린 느낌이 든다. 과하면 유치하게 느껴질 수 있으므로 자제하면 좋겠다.

4_접속사를 빼자

아이들은 말할 때 접속사를 많이 쓴다. "어제 삼촌이 왔는데~ 그래서~ 삼촌이 용돈을 줬는데~ 그래가지구~ 과자를 사러 갔거든? 그런데~ 가게에 과자가 없어서~"처럼 아이들은 접속사로 문장을 질질 늘이면서 말한다. 아직 문장을 연결하는 데 서툴기 때문이다. 크면서 사람들은 접속사를 많이 쓰지 않게 된다. 성인이 되어서도 접속사를 많이 사용해 말하면 혀 짧은 소리를 한다고 놀림감이 된다.

글도 마찬가지다. 문장과 문장을 연결할 때 의미가 제대로 전달되지 않을까 봐 접속사를 쓴다. 글을 쓰다가 문장의 흐름을 틀거나 강조하고 싶을 때도 쓴다. '그런데', '그러나' 같은 접속사를 문장 앞에 쓰면 문장의 방향을 가리킬 수 있다. 쓰는 사람은 마음이 편안하다. 단점은 문장이 늘어지고 미숙해 보인다

우리는 버스를 놓쳤다. 그래서 공연 시간에 늦게 도착했다. 그
러나 다행히 입장은 할 수 있었다.

→ 우리는 버스를 놓쳤다. 공연 시간에 늦게 도착했다. 다행히 입
장은 할 수 있었다.

접속사를 빼도 문장의 뜻이 제대로 전달된다. 접속사 때문에 늘
어지던 문장에 힘이 생기고 깔끔해졌다. 글을 다 쓴 다음에 접속
사만 골라서 지워보자. 그래도 뜻이 통한다면 지우는 게 낫다.

문장

1_짧은 문장을 쓰자

문장이 길어서 좋을 게 없다. 한 문장을 A4 용지 기준으로 한 줄
이 넘지 않게 쓴다. 길어도 두 줄을 넘기지 말아야 한다. 그 이상
길어지면 주어와 서술어가 호응을 이루기 어렵다. 문장을 구성하
는 요소들이 복잡하게 얽혀 의미를 파악하기도 힘들다.

기본은 단문 쓰기다. 단문은 주어 1개에 서술어가 1개다. 문법적
으로 틀릴 일이 없다. 깔끔하고 강하다. 소설가 김훈은 "주어와 동
사만으로 문장을 만들고 싶다."고 말한다. 그는 단문의 간결한 문

체를 구사한다. '최명길이 먹을 갈았다. 남포석 벼루는 매끄러웠다. 최명길의 시선이 벼루와 먹 사이에서 갈렸다. 새카만 묵즙이 눈에서 나오는가 싶었다. 묵즙이 흘러서 연지에 고였다. 최명길이 붓을 들었다. 최명길이 붓을 적셨다. 최명길이 젖은 붓을 종이 위로 가져갔다.'[8] 김훈의 글을 보면 주어+서술어 형태의 단문이 가진 힘을 느낄 수 있다.

김훈 같은 간결체의 대가에 비할 바는 아니지만 따라하려고 노력해보자. 복문이 될 것 같으면 의미 단위로 나눈다. '끊어 친다'고 한다. 의식적으로 끊어 친다.

신념은 우리를 도울 수도 있고 잘못 인도할 수도 있다.
→ **신념은 우리를 도울 수 있다. 잘못 인도할 수도 있다.**

대부분의 사람은 울고 나면 기분이 나아지는데, 정서적인 눈물은 스트레스의 산물로 우리 몸에 축적된 화학 물질을 제거하기 때문에 기분을 나아지게 한다.
→ **대부분의 사람은 울고 나면 기분이 나아진다. 정서적인 눈물은 스트레스의 산물이다. 눈물을 흘리면 우리 몸에 축적된 화학 물질이 제거된다.**

단문이라도 주어와 서술어 사이에 수식이 많으면 복잡해진다. 수식어를 최대한 줄여 주어와 서술어의 간격을 줄이는 것이 좋다. 안 되면 주어를 서술어 가까이 붙여준다. 문장이 길더라도 주어와 서술어의 호응을 파악하기 좀 더 수월해진다. 주어를 서술어 근처로 옮기면 목적어가 앞으로 나오게 된다.

> 사회적 동물인 인간에게(주어) 사랑과 인정의 수급이 불안정할지도 모른다는 신호는(목적어) 두려움, 배고픔과 같은 직접적인 고통을 불러온다.
>
> → 사랑과 인정의 수급이 불안정할지도 모른다는 신호는(목적어) 사회적 동물인 인간에게(주어) 두려움, 배고픔과 같은 직접적인 고통을 불러온다.

2_능동문을 쓰자

우리말 문장에서 주어는 사람이다. 가급적 사람을 주어로 내세운다. 그런데 언제부턴가 무생물을 주어로 쓰는 사례가 많아졌다. 아예 주어를 알 수 없는 문장도 심심찮게 볼 수 있다. 능동적 주체가 아닌 무생물이 주어인 문장을 수동태 또는 피동문이라고 한다. 피동사를 서술어로 써서 피동문이라고 한다.

우리말에서 피동문을 쓰는 건 드문 일이었다고 한다. 피동문을 많이 쓰게 된 건 영어와 일본어의 영향이다. 번역체 문장에 익숙해지며 피동문이 무분별하게 쓰이기 시작했다. 영어는 능동태와 수동태를 자유롭게 구사한다. 그렇다고 영미권에서 능동태를 더 선호하는 것은 아니다. 글쓰기 책을 여러 권 쓴 작가 윌리엄 진서는 『글쓰기 생각쓰기』에서 "수동 동사를 쓰는 것보다 더 쉬운 방법이 없는 게 아니라면 능동 동사를 쓰자. 명료함과 활력에서 능동태와 수동태의 차이는 삶과 죽음의 차이만큼이나 크다."라고 충고한다.

주어가 사람인 문장은 힘이 있다. '지속적으로 추진하겠습니다.'라는 문장에서는 주어의 의지가 느껴진다. 책임도 주어인 사람에게 돌아간다. '지속적으로 추진해야 할 것으로 보입니다.'라는 문장은 비겁하다. 아무도 행동을 책임지지 않는다. 이런 글은 글쓴이가 전하고자 하는 메시지가 독자에게 효과적으로 전달되지 않는다.

실내에서는 여전히 마스크를 착용해야 할 것으로 보인다.
→ **우리는 실내에서 여전히 마스크를 착용해야 한다.**

이 장소는 시민을 위한 공용 공간으로 운영될 곳이다.
→ **시는 이 장소를 시민을 위한 공용 공간으로 운영할 계획이다.**

주어를 사람으로 바꾸면 저절로 능동형이 된다.

최근에는 '보여지다', '다뤄지다', '쓰여지다'와 같은 이중피동도 많이 쓴다. '피동사+어(아)지다' 형태인 이중피동은 우리말에 없는 개념이다. 이중피동에는 '-지다'라는 말이 주로 쓰인다. 피동문은 피할 수 없더라도 '-지다' 형태는 무조건 피하자.

> 미래로 나아가기 위해 법과 질서가 바로 세워져야 한다.
>
> → 미래로 나아가기 위해 법과 질서를 바로 세워야 한다.
>
> → 우리는 미래로 나아가기 위해 법과 질서를 바로 세울 것이다.

> 게임 캐릭터의 성격은 플레이어마다 다르게 보여진다.
>
> → 게임 캐릭터의 성격은 플레이어마다 다르게 나타난다.
>
> → 나는 게임 캐릭터의 성격이 플레이어마다 달라진다고 생각한다.

문장의 주인은 주어다. 주어가 살아 움직여야 문장에 힘이 실린다. 독자는 주어가 의지를 갖고 말하는 문장에 믿음을 준다.

읽을 가치가
있어야 한다

1_마케터의 글은 일기가 아니다

내가 쓰는 글 너머에 상대방이 있다는 사실을 잊어선 안 된다. 모든 글에는 독자가 있다. 단 하나 예외가 있다면 일기다. 일기는 남 시선 신경 쓰지 않고 마음대로 써도 된다. 사실 일기도 독자가 있다. 미래의 자신이다. 싸이월드에 남긴 옛 추억을 '흑역사'라며 호들갑 떠는 이유가 무엇인가. 현재의 내가 과거에 쓴 일기를 보고 평가하기 때문이다. 혼자 보려고 쓰는 일기조차도 무의식중에 '미래의 나'라는 독자를 상정하고 쓴다. 그렇게 보면 이 세상에 독자가 없는 글은 '없다'.

특히 마케터가 쓰는 글은 반드시 독자가 있다. 소비자, 직장 상사, 클라이언트, 기자, 협력사 등. 그를 만족시키기 위해 쓰게 된다. 문자가 생긴 이래 글을 쓰는 모든 사람들은 독자에게 읽히는 글을 쓰려고 노력했다. 자신의 생각을 문자에 담아 타인에게 전달하고 그와 소통하기 위해 썼다. 연역법, 귀납법, 변증법 같은 것들이 그 노력의 산물이다. 내 주장을 효과적으로 전달해 독자를 설득하기 위해 만들어낸 것이다.

상대방에게 읽히는 글을 쓰겠다고 생각하면 접근법이 달라진다. 보도자료를 쓴다면 하루에 100통 이상 메일이 몰리는 기자의 수신함에서 살아남기 위해 섹시한 제목을 고민할 것이다. 눈이 침침한 회장님에게 보고한다면 글자 크기 12포인트 이상으로 써서 A3 용지에 크게 출력할 것이다. 마케터의 글쓰기는 상대방을 고려하는 글쓰기다. 잊지 말자. 내 만족을 위해 쓰는 글이 아니다. 독자를 위한 글쓰기다.

2_마케터의 글은 상품이다

마케터의 글은 상품이다. 상품은 판매하기 위한 물건이다. 판매하려면 독자가 선택할 가치가 있어야 한다. 독자가 판단하기에 시간과 노력을 들여 읽을만한 글이어야 한다. 팔리지 않는 글은 가치가 없다. 선택할 가치가 있는 글은 다음 중 하나의 요건은 갖추어야 한다.

1. 정보가 있거나
2. 재미가 있거나
3. 감동이 있거나

우리가 쓰는 글은 문학 작품이 아니므로 3번은 내려놓는다. 물론 실용적인 글도 아주 잘 쓰거나 울림이 있다면 감동을 줄 수 있다. 글쓰기가 능숙해진 뒤의 일이다. 대신 1번과 2번은 잡아야 한다. 정보가 있거나, 재미가 있거나. 최소한 둘 중 하나는 충족해야 한다. 둘 다 만족한다면 괜찮은 글이라고 할 수 있다. 독자가 시간과 노력을 들여 읽을 가능성이 높아진다.

실용 글쓰기에서 정보를 담는 것은 기본이다. 정보가 있다는 것은 독자에게 도움이 되는 내용이 있다는 뜻이다. 세상에 없던 새로운 것을 만들어내야 한다는 의미는 아니다. 누구나 알고 있는 내용이라도 필요한 독자에게 알맞은 때 도달한다면 도움이 되는 정보다. 맛집을 찾는 사람에게 새로 오픈한 식당 정보는 도움이 된다. 잘 정리된 매출 분석 보고서, 일주일 동안 신상 스마트폰을 사용한 리뷰, 의류 쇼핑몰의 착용 후기. 읽는 사람에게 도움이 되는 것이라면 모두 정보다. 정보를 주어야 한다는 것에 대해 너무 심각하게 생각할 필요는 없다.

다만, 독자 입장에서 무엇이 정보인지는 생각해보아야 한다. 새로운 신상 맛집에 간 포스팅을 올리면서 음식 사진과 '너무 맛

있었다'는 코멘트만 남긴다면 정보가 아니다. 일기와 다를 게 없다. 많은 사람들이 글을 쓸 때 자기 기분에 취해 이런 실수를 저지른다. 읽는 사람이 가질 궁금증을 해소해주어야 한다. 맛집 정보라면 상호명, 위치, 가격, 주차 가능 여부, 영업시간 등이 함께 포함되어야 한다. 어떤 음식이 맛있고 어떤 음식은 별로였다, 어떤 음식과 어떤 음식을 함께 먹으면 궁합이 좋다 등 주관적인 판단이 개입된 정보가 더해진다면 더욱 좋다.

정보가 기본이라면 재미는 매력이다. 정보가 제품의 기본적인 성능이라면 재미는 디자인이다. 매력이 있으면 값이 올라간다. 같은 정보라도 재미있게 전달하면 상품성이 높아진다. 독자가 글을 읽을 가능성이 커진다. 많은 독자에게 퍼질 수도 있다. 글의 재미는 형식이 결정한다. 읽는 재미다. 아무리 좋은 취지로 쓴 글이라해도 재미가 없으면 읽히지 않는다. 읽는 재미는 구성과 내용, 그리고 리듬에서 나온다.

3_마케터의 글은 설득이다

〈구성은 재미있게!〉

우리가 쓰는 글은 궁극적으로는 독자를 설득하기 위한 것이다. '이걸 사세요.' '이 건을 결재해주세요.' '저를 뽑아주세요.' 내 글을 읽고 동의한 상대방이 설득되도록 하는 게 목적이다. 막무가내로 하세요, 하세요, 설득만 한다고 독자가 넘어오는 게 아니다. 일단 읽게 해야 하고, 읽기 시작하면 끝까지 읽게 만드는 게 먼저다. 그러려면 재미가 있어야 한다. 재미가 있어서 독자가 끝까지 따라 왔을 때 거기서 종지부를 찍는다. 끝까지 따라온 독자는 순순히 설득에 응할 가능성이 높다.

끝까지 따라오게 하려면 처음부터 밀어붙이지 말고 서서히 강도를 높여가야 한다. 기승전결이 있어야 한다. 처음 독자를 부를 때는 솔깃하게 해야 한다. 관심을 가진 독자가 글 안으로 들어오면 재미있는 얘기를 해준다. 이건 이렇고요, 저건 저렇고요, 하며 풀어놓는 얘기에 독자가 홀려서 끝까지 따라오게 만들어야 한다. 끝까지 따라온 독자는 반쯤은 설득될 준비가 되어 있다. 그때 쾅 하고 마침표를 찍는다. '그러니까 이걸 하세요' 하고 명확하게 요청한다.

내가 산 목주름 크림은 "목에 주름이 있으면 옷 태가 안 살아요." 하고 나를 불렀다. 거기에 혹해 페이지로 들어가니 이야기를 해주기 시작했다. '어떤 사람은 이걸 쓰고 3주 만에 목주름이 이렇게 옅어졌고요, 어떤 사람은 이걸 눈에도 발랐는데 눈가 주름도 없어졌대요. 왜 그러냐면 저희가 이걸 특별히 개발한 기술로 흡수가 잘 되게 만들었거든요. 다른 크림이랑은 달라요. 특허도 받았다니까요?' 정신없이 여기까지 읽은 나는 반쯤 넘어간 상태다. 여기서 결정적인 한 방을 날린다. '근데 이게 너무 잘 팔려서 지금 안 사면 한 달을 기다려야 해요. 지금 3개 사면 20% 할인해 드리는데, 기회 될 때 쟁여놓는 게 좋을 걸요?' 안 살 이유가 없다. 망설임 없이 구매 버튼을 누른다. 설득은 이렇게 하는 것이다.

재미없는 글은 처음부터 끝까지 주장만 한다. 처음부터 끝까지 강-강-강-강이다. 그러면 독자는 지친다. 숨 쉴 여유가 없다. 설득도 안 된다. 도입에선 독자가 호기심을 갖게 만든다. 중반부에선 독자의 흥미를 점점 돋운다. 읽어나갈수록 재미가 증폭되게 구성한다. 최후의 한 방은 마지막에 쓴다. 설득하기 전에 독자가 재미있게 끝까지 읽도록 쓰자. 끝까지 읽게 만든다면 설득할 수 있다.

〈내용은 팩트로 채워라〉

앞서 '목주름 크림' 예시를 들었다. 그냥 '기승전결이 있는 구성을 하라'고 주장하는 것보다 훨씬 받아들이기 쉽다. 재미도 있다. '그럴 법도 한데?' 하는 생각이 든다. 주장으로 가는 과정은 이야기로 채워야 한다. 그래야 재미가 있다. 우리가 쓰는 실용문에서 주장을 뒷받침하는 이야기는 대부분 팩트Fact다. 뭔가 주장하려면 근거를 충분히 나열해줘야 한다. 충분한 팩트가 쌓여 설득을 완성한다. 그냥 주장하는 게 아니라 팩트로 설득해야 한다.

글을 쓰려면 팩트를 많이 모아야 한다. 내용의 80%는 팩트로 채운다. 주장을 제외한 내용 전체를 팩트로 채워야 한다. 팩트가 모자라면 뜬구름 잡는 얘기를 하게 된다. 쓸데없는 수식어만 남발하게 된다. '이거 정말 좋아요.'라고만 하면 독자는 의심한다. '뭐가 좋은데?' '얼마나 좋은데?' 팩트가 없으면 이 질문에 답하지 못한다. '국내 최초로 특허를 받았어요.', '벌써 4만 명이 구입했어요. 후기도 1만 2천 개가 넘어요.'라고 쓰면 '이거 정말 좋아요.'라고 쓸 필요도 없다. 팩트는 구체적이어야 한다. 그래야 재미있다. 구체적이어야 설득할 수 있다.

〈문장은 리듬감 있게!〉

읽는 재미를 완성하려면 리듬이 있어야 한다. 아무리 구성이 좋고 내용이 재미있더라도 문장이 늘어지면 읽는 재미가 떨어진다. 짧게 짧게 단문으로 끊어 친다. 속도감 있게 팍팍 읽어나갈 수 있게 쓴다. 했던 말 또 하지 말고 쭉쭉 나간다. 독자가 중간에 지쳐서 이탈하지 않도록 리드미컬하게 끝까지 몰고 가야 한다. 그러기 위해선 간결한 문장으로 써야 한다.

구성에도 리듬이 있어야 한다. 서로 연관된 내용이 이어지도록 구성해야 한다.

하나면 하나지 둘이겠느냐
둘이면 둘이지 셋이겠느냐

셋이면 셋이지 넷은 아니야

넷이면 넷이지 다섯 아니야

이렇게 구성해야 한다. 하나에서 둘로, 둘에서 셋으로, 셋에서 넷까지 간 다음 결론인 다섯을 얘기한다. 연관된 순서대로 결론을 향해 달려가야 한다. 하나에서 다섯으로 넘어갔다가 다시 셋으로 돌아오면 독자가 이야기의 흐름을 따라갈 수 없다. 길을 잃고 만다. 독자가 맥락을 잡고 읽을 수 있게 안내해야 한다. 그래야 막힘없이 끝까지 읽을 수 있다.

1_1% 다른 관점 찾기

흔히 글쓰기를 '창작'이라고 생각한다. 창의력이 없어서 글쓰기가 어렵다고 생각한다. 시나 소설 같은 문학작품이라면 창의력이 문제가 될 수 있다. 우리가 쓰는 실용적인 글에서는 아니다. 우리가 쓰는 글은 창의력이 '필요 없다'.

우리가 쓰는 글은 대부분 써야 할 내용이 정해져 있다. '무엇을' 쓸지부터 고민해야 하는 경우는 드물다. 자기소개서라면 내가 왜 그 회사에 적합한 사람인지를 증명하면 된다. 보도자료라면 신제품이 왜 좋은지 어필하면 된다. 사업계획서라면 이 일을 왜 해야 하는지 설득하면 된다. 써야 할 내용과 결론이 정해져 있다. 결론에 이르는 과정을 '어떻게' 채울지만 고민하면 된다.

'어떻게'는 자료로 채운다. 정해진 결론을 향해 매끄럽게 달려가도록 적절한 자료를 적절히 배열하는 게 우리가 할 일이다. 그렇게 따지면 실용 글쓰기에서 중요한 건 정보를 잘 모으고 적절하게 분류하고 알맞은 정보를 취사선택해서 정리하는 능력이다. 뭔가 새롭고 기발한 표현을 떠올리려고 노력할 필요도 없다. 가끔 글을 쓰다 보면 '내가 어떻게 이런 생각을 했지?' 싶은 문장이 나온다. 보통 그런 문장은 사족에 불과한 경우가 많다. 때로는 글의 흐름을 망치기도 한다.

우리가 쓰는 글은 정보를 취합하고 그것을 모방·인용하며 쓰는 것이다. 지금 쓰고 있는 이 글도 30권이 넘는 글쓰기 책을 참고했다. 글을 쓰기 전 3개월이 넘는 시간을 자료 취합과 정리에 들였다. 이미 시중에는 3천 권이 넘는 글쓰기 책이 있다. 하늘 아래 완전히 새로운 글쓰기 방법론이 나올 수 있을까? 불가능하다. 글쓰기 원칙과 방법론은 다 거기서 거기다. 좋은 글을 쓰기 위한 원칙은 거의 정해져 있다.

이미 나와 있는 자료들을 검토하며 내 생각을 뒷받침할 수 있는 정보를 추린다. 내 생각과 일치하는 정보는 취하고 아닌 것은 버린다. 추려진 정보를 남들과 약간 다른 방식으로 정리한다. 어떤 이는 블로그를 잘 운영하기 위한 글쓰기 책을 썼고, 어떤 이는 보고서를 잘 쓰기 위한 방법을 썼다. 비슷비슷한 내용을 가지고 나는 마케터를 위한 글쓰기 방법을 쓴다. 글을 쓸 때 마케터가 좀 더 중요하게 생각해야 하는 내용을 집중적으로 쓴다. 일반적인 글과 마케터의 글쓰기가 다른 점을 부각한다. 마케터에게 글쓰기가 왜 필요한지 주장한다. 이미 다 나와 있는 정보를 모은 다음에 관점을 1%만 틀어서 정리하는 것이다.

글은 자료로 쓰는 것이다. 모방과 인용의 과정이 글쓰기다. 거기에 1%의 독창성을 덧붙이면 된다. 남과 조금 다른 관점으로 글을 전개하는 것, 남과 조금 다른 의미를 부여하는 것 정도가 실용 글쓰기에서 필요한 독창성이다. 독자도 세상에 없던 새로운 것을 원하지 않는다. 사람들은 익숙한 것을 좋아한다. 익숙한 것들을 엮어 새로운 관점을 제시하는 글을 우리는 신선하다고 한다. 그것이 독자에게 도움이 되는 정보를 담고 있으면 실용 글쓰기의 미덕은 갖춰진 셈이다. 독자가 읽을 가치가 있는 글이다.

모방과 인용을 두려워하지 말자. 창작은 모방에서 시작한다고 한다. 하물며 창작도 아니고 자료의 나열에 가까운 실용 글쓰기에서 모방과 인용은 필수다. 완전히 새로운 것을 만들어내겠다는 부담감은 버리자. 수집한 자료를 들여다보며 어떻게 1% 다른 관점을 만들어낼지 고민하자. 어떻게 1% 다르게 접근할 것인지 고민하자. 여기까지 됐다면 그 다음에는 쓰면 된다. 자료가 있고, 1% 다른 관점이 있다면 남은 것은 자료의 배치다. 메시지가 효과적으로 전달되도록 구성해서 나열하면 끝이다. 이렇게 생각하면 글쓰기가 훨씬 가벼워진다.

2_팩트로 채워라

글은 자료의 나열이다. 자료의 대부분은 팩트다. 글의 80%는 팩트로 채운다고 생각하고 쓰자. 글은 팩트를 써야 한다. 주장은 나중이다. 팩트가 먼저다. 팩트로 주장을 뒷받침해야 한다. 내가 느낀 감상만 가지고 글을 쓰면 일기다. 남이 읽고 동의할 수 있도록 팩트로 채워줘야 한다. 새로 산 노트북에 대해 '새 노트북이 참 좋다.'만 쓰고 끝내면 일기다. '새 노트북은 화면 크기가 40.6cm라서 큼직하고, 12세대 인텔 코어 프로세서를 적용해서 처리 속도도 빠르고, 무게가 980g으로 가벼워서 가지고 다니기도 좋다.'라고 써야 남이 읽을 가치가 있는 리뷰가 된다.

새 노트북에 대해 쓸 때처럼 팩트는 구체적이어야 한다. 그래야 설득력이 있다. 구체적일수록 효과적이다.

> '2022년 상반기에'가 아니라 '2022년 3월 15일 오후 3시에'라고 쓴다.
>
> '정말 많은 고객이 구입한'이 아니라 '126,398개 판매된'이라고 쓴다.
>
> '주문 폭주'가 아니라 '17차 리오더'라고 쓴다.
>
> '대다수의 국민이 지지하는'이 아니라 '국민의 73.6%가 지지하는'이라고 쓴다.

사람들은 내가 하는 주장에 관심이 없다. 팩트에 관심을 보인다. 팩트를 통해 주장을 납득하게 만들어야 한다. "이 사람은 스타 작가입니다."라고 말하고 끝내버리면 진짜 스타 작가여도 안 믿는다. "이 작가는 책을 32권 썼고, 누적 판매량이 74만 권이 넘습니다."라고 말해야 믿는다.

내 주장에 힘을 실어주는 건 팩트다. 내 글의 권위는 팩트가 만든다. 내가 노벨상 수상자나 로마 피케티 같은 세계적인 석학이 아니라면 말이다. 내가 쓴 책『영 포티, X세대가 돌아온다』가 주장하는 바는 심플하다. 'X세대가 중요하다.' 하나의 주장을 납득시키기 위해 수백 가지의 팩트가 동원됐다. 'X세대의 인구는 801만 4,000명으로 전체 국민의 16%를 차지한다.', 'X세대 가구주는 월 428만 원을 쓰는데 모든 세대 중 가장 많은 금액이다.', '수입차 시장에서 X세대 소비자의 비중은 2016년 28.3%에서 2018년 30.7%로 성장 추세다.' 등. X세대의 현황, 성장과정, 소비성향까지 모두 팩트로 채웠다. 이유는 간단하다. 내가 그냥 주장만 하면 아무도 안 믿기 때문이다. 내가 하는 주장에 권위를 부여하는 건 탄탄한 팩트뿐이다.

글은 자신 있고 단정적으로 써야 한다. 글 쓰는 사람이 자신이 없으면 읽는 사람은 글이 주장하는 바를 믿을 수 없다. 자신 있게 주장하려면 팩트가 확실해야 한다. 충분히 많은 팩트를 가지고 써야 한다. 팩트의 사실관계를 확실하게 파악하고 써야 한다. 팩트가 글 쓰는 나를 단단히 지지해줘야 한다. 그래야 단정적으로 쓸 수 있다. 그렇게 써야 독자도 안심하고 읽는다. 독자를 불안하게 만들면 안 된다. 자신 있고 단정적인 글로 읽는 이를 설득해야 한다. 그게 독자를 배려하는 방법이다.

3_개연성과 인과관계가 중요하다

2008년 방영된 SBS 드라마 〈아내의 유혹〉은 빠른 전개와 자극적인 소재로 시청률 43%를 찍으며 흥행 돌풍을 일으켰다. 높은 인기만큼 엄청난 비판을 받았는데, 주된 이유는 개연성이 떨어진다는 거였다. 주인공인 구은재는 남편에게 버림받은 후 복수를 다짐한다. 새로운 모습으로 변신하고 돌아와서 다시 남편을 유혹한다. 남편은 깜빡 속아 넘어간다. 대략 이런 내용인데, 구은재가 변신한 모습이 문제가 됐다. 아무것도 안 바뀌고 눈 밑에 점 하나 찍은 게 전부여서다. 아무리 드라마라지만 이래서야 몰입이 되겠냐는 비판이 일었다.

개연성이란 절대적으로 확실하지 않으나 아마 그러할 것이라고 생각되는 성질, 현실화될 수 있거나 실제로 일어날 수 있는 가능성을 말한다. 모두가 허구인 줄 알고 보는 드라마나 영화도 개연성이 떨어지면 비판을 받는다. 팩트가 생명인 실용 글쓰기에서는 더하다. 어떤 사례나 근거를 들어 주장을 뒷받침할 때에는 개연성을 꼭 따져봐야 한다. 아무리 내용이 좋고 구성이 잘 된 글이라도 한 부분에서 개연성이 떨어지면 신뢰를 잃게 된다.

인과관계도 마찬가지다. 주장을 뒷받침하기 위해 무리하게 근거를 갖다 붙이면 안 된다. 이 원인으로 이 결과가 나온 게 앞뒤가 맞아야 한다. 인과관계의 실수는 글을 쓰다 보면 흔히 저지르는 실수다. 크게 세 가지가 있다.

첫 번째는 우연한 상관관계를 인과관계로 잘못 파악하는 것이다.

> a. 그가 미녀와 결혼한 이유는
> b. 축구선수이기 때문이다

축구선수 중 미녀와 결혼한 사람이 많다는 사실을 축구선수이기 때문에 미녀와 결혼한 인과관계로 판단했다. 축구선수 중 미녀와 결혼한 사람이 많은 것은 우연한 상관관계일 뿐이다. 축구선수인 것이 원인이 되어 반드시 미녀와 결혼하는 게 아니다.

두 번째는 인과관계와 선후관계를 혼동하는 것이다.

> a. 내가 식당에 들어가면
> b. 그 식당은 손님이 많아진다

인과관계에서 원인은 결과보다 먼저 발생하는 사건이다. 그렇지만 먼저 발생한 사건이라고 반드시 결과의 원인이 되는 것은 아니다. 내가 식당에 들어간 것과 식당에 손님이 많은 것은 시간의 선후관계이지 인과관계는 아니다.

세 번째는 원인과 결과를 혼동하는 것이다.

    a. 운동선수들은 건강하다
    b. 따라서 운동선수가 되면 건강해질 것이다

운동선수들은 건강이라는 원인의 결과로 운동선수가 된 것이다. 결과를 원인으로 잘못 파악했다.

이렇게 원인과 결과 사이에 아무 상관이 없는데 끌어다 쓰는 경우가 많다. 몰라서 그랬다면 고치면 된다. 알면서도 일부러 이렇게 우기는 경우도 많다는 게 문제다. 주장을 무리하게 관철시키기 위해 이런 오류를 일부러 저지르는 사람들도 많다. 정치권에서 이런 경우를 자주 볼 수 있다. 지식인 중에서도 이런 인과관계의 오류를 범하는 사람들이 많다. 의도적인 인과관계의 오류는 글의 진정성 자체를 무너뜨리는 독이다. 아무리 급해도 이런 유혹에 빠지면 안 된다.

4_육하원칙을 지켜라

육하원칙은 초등학교에서 배운 글쓰기의 기본 원칙이다. '누가, 언제, 어디서, 무엇을, 어떻게, 왜' 이것만 지켜도 괜찮은 글을 쓸 수 있다. 실제로 기자들은 이 원칙을 철저히 지킨다. 스트레이트 기사를 보면 첫 단락에 육하원칙이 다 들어가 있다. 제일 중요하기 때문이다. 신문기사는 중요한 것부터 중요하지 않은 순서로 쓴다. 제목과 첫 단락만 읽어도 대략의 내용을 파악할 수 있게 쓴다. 골자를 이루는 게 육하원칙이다.

> 산림청은 발화 사흘째인 2일 주불을 진화하기 위해 일출 직후부터 헬기 53대와 산불진화대원 2천 450여 명을 밀양시 산불 현장에 집중적으로 투입했다.

위 문장을 육하원칙에 따라 구분해보면 아래와 같다.

누가 : 산림청은
언제 : 2일
어디서 : 밀양시 산불 현장
무엇을 : 헬기 53대와 산불진화대원 2천 450여 명을
어떻게 : 집중적으로 투입했다

왜: 주불을 진화하기 위해

이 한 문장만 읽어도 기사의 전체 내용을 다 파악할 수 있다. 뒤에 이어지는 내용은 첫 문장에 대한 자세한 설명이나 경과, 좀 더 생생한 묘사 같은 것들이다.

이렇게 육하원칙에 따라 글을 쓰면 꼭 필요한 요소들을 빼먹지 않고 쓸 수 있다. 신문기사뿐 아니라 보고서나 제안서, 설명문 같은 실용 글쓰기에도 동일하게 적용된다. 글을 쓰기 전에 육하원칙을 한번 정리해보면 윤곽이 명확하게 드러난다. 원인과 결과, 주체와 대상, 시간과 공간이 총망라되어 있기 때문이다. 어떤 현상을 파악하는 실태 조사 보고서 같은 경우에는 글 첫머리에 육하원칙을 먼저 정리해서 명시하기도 한다.

일반적인 글을 쓸 때는 기사나 특수한 보고서처럼 첫머리에 육하원칙을 다 써야 할 필요는 없다. 글을 쓰면서 중간중간 적당한 부분에 하나씩 넣어주면 된다. 육하원칙을 모든 글에 다 적용해야 하는 것은 아니지만, 염두에 두고 있으면 좋다. 글에 꼭 들어가야 할 기본적인 내용을 빠뜨리지 않고 담아내는 데 유용한 도구다.

글쓰기를 위한
마케터의
생각법

1

글쓰기가
쉬워지는
구성법

분류적 사고 VS
관계적 사고

우리가 쓰는 글은 결론이 정해져 있다. 주장을 뒷받침할 팩트도 준비됐다. 이제 어떻게 구성하느냐만 남았다. 일단 읽을 마음이 생기도록 흥미를 끌어야 한다. 읽기 시작했으면 끝까지 읽게 해야 한다. 끝까지 읽을 수 있게 재미있게 구성해야 한다. 다양한 팩트로 이야기를 풀어놓아야 한다. 처음부터 밀어붙이지 말고 서서히 강도를 높여가야 한다. 독자의 흥미를 점점 끌어올려 끝까지 따라왔을 때 종지부를 찍어야 한다. 마지막에는 독자에게 원하는 걸 얻어내야 한다. 이걸 염두에 두고 자료를 배치하면 된다. 글을 쓰기 전에 자료를 배치하는 작업을 구성이라고 한다.

리처드 니스벳이 쓴 『생각의 지도』에 재미있는 조사 결과가 있다. 여기 소, 닭, 풀 그림이 있다. 어린이들에게 이 세 가지를 짝지어보라고 한다. 서양 어린이들은 소와 닭을 짝짓는다. 동양 어린

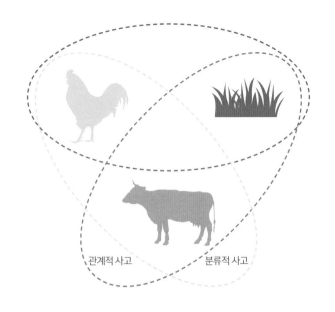

관계적 사고   분류적 사고

이들은 소와 풀을 짝짓는다. 서양 어린이들은 소와 닭이 같은 동물이니까 짝지었고, 동양 어린이들은 소가 풀을 먹으니까 짝지었다. 서양인들은 분류적 사고, 동양인들은 관계적 사고를 하기 때문이다.

    식료품을 파는 가게를 연다고 생각해보자. 여러 가지 물건을 들여와서 이제 진열만 하면 된다. 분류적 사고에 따라 진열하는 방법과 관계적 사고에 따라 진열하는 방법이 있다.

＜분류적 사고에 따른 진열 방법＞

채소 코너 : 양파, 파프리카, 고추, 마늘, 상추, 토마토

과일 코너 : 사과, 배, 아보카도, 딸기

양념류 코너 : 고추장, 된장, 파스타 소스, 케첩, 마요네즈

면류 코너 : 파스타 면, 소면

인스턴트 코너 : 라면, 3분 카레, 통조림

＜관계적 사고에 따른 진열 방법＞

파스타 코너 : 파스타 면, 파스타 소스, 올리브 오일, 계란

라면 코너 : 라면, 계란, 파

샐러드 코너 : 파프리카, 상추, 토마토, 아보카도, 올리브 오일, 레몬즙

피자 코너 : 밀가루, 올리브, 페퍼로니, 치즈

대부분 식료품점에서 볼 수 있는 모습은 분류적 사고에 따른 진열이다. 물건을 파는 대다수 매장이 이런 방식을 채택한다. 진열하기 편하고 소비자도 원하는 물건을 빠르게 찾을 수 있기 때문이다.

관계적 사고에 따른 진열 방법으로 성공한 경우도 있다. 도쿄 츠타야 서점 같은 곳이다. 파스타 요리책 옆에 파스타용 팬, 파스타 소스, 파스타 면 등을 같이 진열한다. 이 서점이 화제가 된 것은 이렇게 진열하는 사례가 드물기 때문이다. 일반적으로는 분류

적 사고에 따라 진열하는 게 판매에 도움이 된다.

글쓰기 자료를 배치하는 방법도 마찬가지다. 『생각의 지도』에서 말한 것처럼 우리나라 사람들은 관계적 사고방식에 익숙하다. 은연중에 글도 그렇게 쓰는 사람이 많다. 관계 중심적으로 생각하면 글쓰기 자료를 체계적으로 나열하기 어렵다. 관계적 사고에 따라 진열한 매장에서 올리브 오일이 파스타 코너와 샐러드 코너 두 군데에 중복 진열되는 것처럼 내용이 중복되기도 하고, 꼭 들어가야 하는 내용이 빠지기도 한다. 이러면 읽는 사람도 글의 내용을 파악하기 어렵다.

실용 글쓰기를 할 때는 분류적 사고를 토대로 글감을 일목요연하게 배치해야 한다. 특히 보고서, 제안서 같은 비즈니스 글이라면 절대적으로 분류적 사고를 해야 한다. 이렇게 써야 글을 읽는 사람이나 보고를 받는 사람이 내용을 한눈에 파악할 수 있다. 실용 글쓰기를 잘한다는 것은 정리를 잘한다는 말에 가깝다. 정리를 잘하려면 분류적 사고가 필수적이다.

분류적 사고로
글 쓰는 순서

실용적 글쓰기를 할 때 나쁜 습관은 생각나는 대로 쓰는 것이다. 내공이 깊다면 생각나는 대로 쓰면서도 분류적 사고를 하며 글쓰기 자료를 착착 정리할 수 있을지도 모르겠다. 보통의 경우 생각나는 대로 쓴 글은 혼란스럽기 마련이다. 읽는 사람은 '무슨 소리 하는 거야?'라고 생각하게 된다.

실용적인 글은 본격적인 쓰기에 돌입하기 전에 구조를 잡아야 한다. 서울 우리 집에서 부산 서면에 있는 호텔까지 간다고 치자. '지하철로 서울역에 가서 KTX를 타고 부산역에 도착한 다음 지하철을 타고 서면역까지 가면 되겠구나.'라고 대략의 여정을 잡아보는 것과 비슷하다. 큰 여정을 잡은 다음에 집에서 지하철역까지는 걸어갈지 버스를 타고 갈지, 몇 시에 KTX를 탈지, KTX를 타기 전에 간단히 밥을 먹을지, 이동하는 기차 안에서 먹을지, 서면역에 도착해서 호텔까지는 뭘 타고 갈지 정하면 된다.

이렇게 큰 목차를 먼저 정하고 큰 목차에 해당하는 대략의 자료를 분류한다. 그 다음에 작은 목차를 잡고 크게 분류한 자료를 다시 쪼개어 정리한다. 이 방식으로 정리하면 남은 것은 정해둔 순서에 따라 내용을 채워 넣는 것뿐이다. 흩어진 자료를 모아서 설명서를 따라 착착 조립한다고 생각하면 쉽다. 마케터의 글은 상품이다. 상품은 정해진 프로세스에 따라 조립해야 한다. 조립할 때마다 순서가 바뀐다면 일정한 품질을 담보하기 어렵다. 실용글은 조립하는 순서가 거의 정해져 있다. 그 순서에 따라 조립하면 된다.

1_주제 정하기 : 글쓰기의 목적을 분명하게!

우리는 목적을 잊어버릴 때가 많다. 글쓰기뿐 아니라 어떤 일이든 마찬가지다. 하다 보니까 그냥 습관적으로 계속 한다. 한참 하다 보면 열심히는 했는데 저 멀리 가 있다. 목적을 망각해서 그렇다. 목적이 명확하다면 잠깐 옆길로 새도 다시 경로를 바로잡을 수 있다. 글쓰기에서 주제를 정하는 것은 글쓰기의 목적을 명확하게 하는 것이다. 목적은 글을 읽은 상대방에게서 어떤 반응을 얻어낼 것인지다.

영화 리뷰를 쓰는 블로그를 운영한다면 목적이 분명해야 한다.

1차 목적 : 사람들이 영화를 선택하는 데 도움을 주는 리뷰를 쓴다.

2차 목적 : 독자들로부터 '○○ 님이 추천해 준 영화는 다 재미있어
요'라는 반응을 이끌어낸다.

3차 목적 : 최종적으로는 영향력 있는 영화 블로거가 된다.

목적을 이렇게 정하면 그 목적에 따라 움직이게 된다. 피곤하
고 귀찮아서 '재미없음, 내용 무無'라고 쓰고 마는 짓은 하지 않는
다. 그렇게 썼다가도 이내 맘을 고쳐먹고 다시 쓰게 된다. 글쓰기
목적을 정확히 세우면 글이 옆길로 새는 것을 막을 수 있다. 목적
을 향해 일사분란하게 달려가는 글을 쓸 수 있다.

2_글쓰기 자료 모으기 : 주장을 뒷받침할 팩트 수집

글쓰기의 목적과 주제에 맞는 자료를 수집한다. 이때 수집하는
자료의 종류는 다양하다. 책부터 신문, 잡지, 검색자료, 개인적인
경험까지 모두 끌어모은다. 평소에 글감을 에버노트나 노션 같은
노트 툴을 활용해 모아놓으면 필요할 때 써먹기 좋다. 자료는 꼭

사용할 것 같은 자료와 사용 여부가 애매한 자료 정도로 대강 분류한다. 꼭 사용할 것 같은 자료는 밑줄을 쳐두거나 엑셀 파일 등에 따로 정리한다. 사용 여부가 애매해도 일단 보관해둔다. 나중에 필요한 상황이 생기면 꺼내쓸 수 있다.

3_글쓰기 자료 배치하기 : 기승전결에 따라 분류

글의 뼈대를 잡는 순서다. 우선 기승전결을 나눈다. 서론-본론-결론이 될 수도 있다. 실용 글은 서론-본론-결론으로 쓰는 경우도 많다. 좀 더 재미있게 쓰려면 기승전결이 낫다. 자료를 배치할 때 잊지 말아야 할 게 있다. 각 단계는 그 다음 단계를 읽게 하는 역할을 해야 한다는 것이다. 도입부는 본론을 읽히기 위해 쓰고 본론은 결론을 읽히기 위해 써야 한다. 이점을 명심하면서 글쓰기 자료를 배치한다. 앞에서 말한 '목주름 크림'을 예로 들면 아래와 같다.

기 : 이제 목주름도 관리해야 하는 시대. 목주름이 있으면 나이보다 더 늙어 보여요.

승 : ○○크림은 효과가 증명된 크림이에요. 40대 주부 A는 이 크림

을 쓰고 3주 만에 주름이 개선됐어요. 30대 직장인 B는 이 크림을 눈가에 발랐는데 눈가에도 효과가 좋아요.

전 : 왜 이 크림이 효과적인지 아세요? 특수 기법으로 입자를 더 작게 만들었어요. 이 기술로 특허도 취득했어요. 100명을 대상으로 임상 실험을 했는데 70% 이상 효과가 있었어요.

결 : 이 크림은 너무 인기가 좋아서 지금 안 사면 한 달을 기다려야 해요. 지금 3개 사면 20% 할인해드려요. 지금 바로 구매하세요.

'기'가 서론, '승'과 '전'이 본론, '결'이 결론이다. '기'에서는 주제를 제시한다. 다짜고짜 '목주름 크림 사세요!'라고 주장하는 게 아니라 주제를 슬쩍 들이민다. 독자가 솔깃할만한 말로 주제를 제시한다. '승'에서는 주제를 발전시킨다. 본격적으로 목주름 크림에 대한 얘기를 한다. '전'에서는 주제에 대한 얘기를 이어나가되 장면을 전환한다. '전'은 글에서 꼭 없어도 상관없는 부분이다. 이 부분을 빼보면 알 수 있다. 빼도 말이 된다. 빼도 말이 되긴 하는데 없으니까 좀 허전한 부분이 '전'이다. 있으면 글에 설득력이 더해지는 부분이 '전'이다. '결'은 종지부다. 여기서 결론을 얘기하고 독자의 행동을 요구한다.

글쓰기 자료를 배치하는 단계가 가장 중요하다. 자료를 배치할 때는 각 파트의 골자를 한 줄로 써보자. 한 줄로 압축할 수 있어야 길게 늘여 쓸 수도 있다. 각 파트를 한 줄씩으로 정리한 요약본을 보면 글의 전체 형태가 눈에 들어온다. 이렇게 정리한 배치도를 보면서 글쓰기를 시작하면 된다.

4_글쓰기 : 배치도에 따라 자료 늘어놓기

정리된 배치도를 보면서 자료를 늘어놓는다. 각 파트에 대한 글쓰기를 시작하면 약식 버전의 자료 배치하기 작업을 한 번 더 한다. 소제목을 잡는 단계다. 소제목을 정하고 나면 소제목이 한정한 범위 안에서 글을 쓴다. 전체적으로 긴 분량의 글도 이렇게 소제목 단위로 끊어가며 자료 배치 작업을 하면 목적에서 벗어나지 않고 흐름을 따라 쓸 수 있다.

글을 쓸 때는 하나에서 둘, 둘에서 셋, 셋에서 넷으로 간다고 생각하면서 쓴다. 서로 연관되는 자료들을 가까이 붙여준다. 이 글이 다음 글로 독자를 매끄럽게 넘기고 있는지 염두에 둔다. 다시 말하면 앞 문단이 뒷 문단을 꼬드기는 미끼 역할을 하도록 써야 한다. 그렇게 목적을 향해 점진적으로 강도가 강해지는 것을 확인하면서 재미있게 읽을 수 있도록 쓴다.

5_퇴고 : 고치고 또 고치기

헤밍웨이는 "모든 초고는 쓰레기다."라고 했다. 글은 고칠수록 좋아진다. 다 써내려 갔다고 끝이 아니다. 여기서부터 시작이다. 수차례 다시 읽고 고쳐야 한다. 헤밍웨이는 『노인과 바다』를 200번 이상 고쳤다.

다 쓰고 나면 일단 덮어둔다. 하루 정도 있다가 읽으면 좋다. 글을 쓰던 감정에서 벗어날 시간이 필요하기 때문이다. 시간이 부족하면 30분 정도라도 시간을 두고 다시 읽는다. 읽을 때는 쓸 때와 다른 환경에서 읽는다. 출력해서 읽으면 내 글이 객관적으로 보인다. 개인적으로는 PDF로 변환한 다음에 휴대폰으로 읽는 것을 선호한다. 휴대폰으로 보면 작은 글씨로 화면에 한 페이지가 한눈에 들어와 전체적인 구성을 확인하기 쉬워서다. 휴대폰으로 지하철 같은 데서 읽으면 내가 쓴 글인데도 다르게 보인다.

퇴고할 때는 우선 전체 내용을 점검한다. 무리한 논리적 비약은 없는지, 이 파트에서 저 파트로 연결은 매끄러운지 확인한다. 주제와 상관없는데 그저 재미있거나 흥미로운 팩트라서 넣은 것은 없는지 점검해본다. 그런 팩트는 과감하게 빼야 한다. 설득력이 부족해서 더 넣어야 할 팩트는 없는지도 살펴본다. 더 넣어야 할 것이 있다면 보관해둔 자료를 찾아서 보강한다.

내용을 확인하고 나면 형식을 확인한다. 우선 문장 길이를 본다. 길게 쓴 문장은 짧게 쪼갠다. 짧게 쪼개면서 더 뺄 수 있는 문장 성분은 없는지 확인한다. 문장이 길면 보이지 않던 군더더기가 문장을 쪼개면서 드러난다. 그 후 접속사와 수식어를 뺄 수 있을 만큼 뺀다. 그러고 나면 문장의 주술관계는 맞는지, 맞춤법은 맞는지 확인한다.

눈으로 보아 고칠 것을 다 수정한 것 같으면 소리 내서 읽어본다. 너무 길어서 다 소리 내어 읽을 수 없다면 입술을 움직여 웅얼웅얼이라도 한다. 입에서 걸리는 게 있다면 매끄럽지 않은 것이다. 그런 부분도 수정한다. 좀 더 객관적인 의견이 필요하다면 가까운 이에게 읽어보게 한다. 나한테는 안 보이던 오타와 오류를 남들은 잘도 찾아낸다. 솔직하게 글에 대해 평가해줄 사람이 있으면 좋다. 이렇게 제3자의 의견까지 반영해서 글을 고치면 완성이다.

2

글의
구성에 따른
전개 방법

실용 글쓰기의
기본 구성

글쓰기에서 중요한 것은 '글을 읽는 사람이 받아들이기 쉬운 방식'으로 쓰는 것이다. 읽기 쉽고 이해하기 쉬운 글은 여러 가지 요소로 만들어진다. 우선 쉬운 단어를 써야 한다. 단어가 모여 만들어진 문장이 이해하기 쉬워야 한다. 문장과 문장이 매끄럽게 연결돼 읽기 편한 문단이 되어야 한다. 그리고 문단과 문단을 효과적으로 배치해 납득할 수 있는 글이 완성되어야 한다. 문단을 배치하는 방법이 바로 구성이다.

결국 글의 완성도를 좌우하는 것은 구성이다. 구성이 잘 되어 있으면 눈에 잘 들어오고 이해하기 쉽다. 쓰는 사람도 한결 편하다. 정해진 틀에 맞춰 자료를 나열하면 되기 때문이다. 글쓰기가 물 흐르듯 순탄하면 아이디어도 샘솟는다. 참신한 비유와 적절한 단어가 튀어나오기도 한다. 자유자재로 단어와 문장을 구사할 수

형식		내용	전개 방법	
서론	기	도입	요약	
			정의	
			인용	
			질문	
			이야기	
본론	승	전	근거	나열	분류
			중요도 순서	
			문제와 해결	
			비교	대조
			이야기	
결론	결		메시지	요구	
			해법	
			의지	
			인용	
			질문	반전

〈실용 글쓰기의 기본 구성〉

있다. 요리 레시피를 숙달하고 나면 이런저런 재료를 넣거나 빼면서 맛을 더 끌어올리는 기교를 부릴 수 있는 것과 마찬가지다. 그러려면 우선 레시피를 숙지해야 한다. 글을 구성하는 방법에 익숙해져야 맛있는 글을 쓸 수 있다.

우리는 어릴 때 학교에서 글의 구성에 대해 배웠다. 서론-본론-결론, 기-승-전-결 같은 것들이다. 이런 구성은 어느 날 갑자기 누가 혼자서 만든 게 아니다. 글이라는 의사소통 수단이 생긴 이래 수많은 사람이 좀 더 설득력 있는 글쓰기 방법을 고민한 산물이다. 타인의 공감을 얻어내기 위한 여러 방법 중 가장 효과적인 것들의 공통점을 추려 만들어진 것이다. 따라서 이런 구성에 따라 글을 쓰면 일정 정도 원하는 효과를 얻을 수 있다.

　실용 글쓰기의 일반적인 구성은 도입-근거-메시지다. 서론-본론-결론, 기-승-전-결 모두 같은 말이다. 도입-근거-메시지는 각 부분에 들어가는 내용이다. 이렇게 생각하면 각 부분에 뭘 써야 할지 명확해진다. 서론에서는 독자를 끌어들이고, 본론에서는 주장에 대한 근거를 제시하고, 결론에서는 메시지를 전달하면 된다. 각 구성 단계에 알맞은 글 전개 방법을 선택해 쓰면 글 한 편이 만들어진다. 이 패턴을 몸에 익히면 글을 쓸 때마다 구성을 고민하지 않아도 목적에 맞는 글을 쓸 수 있다.

[도입]
유혹은 30초 안에!

온라인에서 사용자가 웹페이지를 한 번 쓱 훑는 데 걸리는 시간은 4초 내외라고 한다. 4초 동안 읽을 수 있는 글자 수는 25자 정도다. 그렇다면 도입부에서 첫 문장은 25자 안쪽으로 써야 한다. 그것도 강렬하게 써야 한다. 그래야 4초라는 짧은 시간 안에 독자를 내 글 안으로 불러들일 수 있다.

첫 문장 25자에 끌려 글을 읽기 시작한 독자가 그 글을 끝까지 읽을지 말지 결정하는 시간은 30초다. 미디어 연구자들에 따르면 사람들은 30초 정도면 이 글이 읽을만한지 아닌지 판단을 마친다고 한다. 도입부에서 30초 안에 독자를 끌어들이지 못한다면 가차 없이 뒤로 가기 버튼을 누르고 만다.

온라인에서만 일어나는 일이 아니다. 자기소개서도 마찬가지다. 수많은 입사지원서를 받아든 인사담당자가 자기소개서를 끝까지 읽을지 말지도 매력적인 도입부에 달렸다. 우리가 쓰는 글의 운명은 도입부가 결정한다. 30초 안에 읽는 사람을 글 속으로 끌어들여야 한다.

1_요약으로 시작하는 정직한 도입

요약으로 시작하는 도입부는 보고서나 설명문, 보도자료 등에 쓰인다. 실용적인 글에서 일반적으로 사용하는 방법이다. 매력적인 시작은 아니지만 정직하다. 앞으로 무슨 얘기를 할지 시작 부분에서 압축적으로 알려준다. 빠른 시간에 핵심을 파악해야 하는 비즈니스 글쓰기에 유용하다. 보고서를 작성할 때 도입부를 요약으로 시작하면 보고받는 사람의 시간을 절약할 수 있어 선호도가 높다.

다음은 경기연구원에서 발간한 〈2021년 상반기 경기도 신용카드 매출 동향 분석 및 시사점〉 보고서의 도입부다. 코로나19와 경기도 2차 재난기본소득 지급이 도내 신용카드 매출 동향에 어떤 영향을 미쳤는지 분석했다. 이것만 읽어도 보고서의 전체 내용을 파악하고 나에게 필요한 정보인지 아닌지 판단할 수 있다.

• 코로나19 팬데믹 사태는 완화-재확산을 반복하며 확진자 규모가

증가하고 있으며, 코로나19 장기화로 인해 소비자들의 소비행태도 변화한 것으로 추정됨

- 경기도 31개 시군별 2019년 동기 대비 2021년 신용카드 결제액의 증감률을 계산한 결과, 대부분의 지자체에서 회복세가 관측
- 주요 업종별 2021년 1~4월 신용카드 결제액의 2019년 동월 대비 증감률은 교통수단 및 식료품 부문에서 높게 나타나는 것으로 추정
- 경기도 2차 재난기본소득 지급으로 지역화폐 가맹점의 매출 증감률은 비가맹점에 비해 약 8.4%p 높아진 것으로 추정
- 향후 경기도 경기 활성화를 위해 지역화폐 비가맹점에 대한 정책적 고려가 필요[10]

2_정의로 시작하는 추상적인 도입

'무엇은 무엇이다'라고 단정하며 시작하는 도입부다. 논설문이나 정치가의 연설문, 이론서 등에서 주로 쓰인다. 이런 글에서 사용되는 정의는 그 뜻을 금방 알아차리기 쉽지 않다. 글에서 말하고자 하는 본질을 추상적으로 표현하기 때문이다. 정의로 시작했다면 뒤에 이어지는 글에서 근거를 구체적으로 제시해야 설득력을 가질 수 있다.

정의로 시작하는 것 중에 내가 알고 있는 가장 아름다운 도입부는 칼 세이건의 『코스모스』다. 광대한 우주의 경이로움과 그 앞에 한없이 작은 존재인 인간에 대해 다룬 이 책은 우주를 아래와 같이 정의하면서 시작한다.

코스모스COSMOS는 과거에도 있었고 현재에도 있으며 미래에도 있을 그 모든 것이다.

3_인용으로 시작하는 신뢰도 높은 도입

유명한 사람의 말이나 글을 시작 부분에 언급하며 시작한다. 인용으로 시작하면 글의 신뢰도를 확보할 수 있다. 동시에 독자가 친근하게 글 읽기를 시작할 수 있다. 미지의 글쓴이가 아니라 널리 알려진 유명인이 그 글을 보증하는 효과가 있기 때문이다. 인용문을 잘 고르면 글을 전개하기 훨씬 수월해진다.

X세대를 겨냥한 마케팅 방법 중 '나이를 잊게 하라'는 주장을 하면서 글로벌 가구 브랜드 이케아IKEA의 슬로건을 예로 든 적이 있다. 이케아라는 유명 브랜드의 권위를 빌려 주장에 신뢰도를 부여했다. 그냥 '나이를 잊게 하는 것이 좋은 마케팅 방법이다'고 주장하는 것보다 훨씬 믿음이 간다.

이케아는 자신들의 타깃을 'Young people of all ages(모든 연령대의 젊은 사람들)'로 정의한다. 생물학적 나이의 한계에 고객을 가두지 않는다. 나이가 몇 살이든, 돈이 많든 적든, 젊은 취향을 가지고 있다면 이케아의 고객이 된다. 합리적인 가격으로 구매한 가구와 인테리어 소품을 내 손으로 조립하는 과정을 즐기는 사람이라면 나이가 몇 살이든 그는 젊은이다.

4_질문으로 호기심을 유발하는 도입

좋은 질문은 독자를 확 끌어당기는 방법이다. 도입에서 제시한 질문이 독자가 궁금해할만한 것이라면 기대를 갖고 글을 계속 읽게 된다. 대신 뒤에 이어지는 글에서 그 기대를 충족시키지 못한다면 독자는 크게 실망해서 이탈하고 만다. 충격, 경악 등의 단어를 남발하며 제목 '낚시'를 해놓고 막상 본문은 제목과는 다른 이야기를 늘어놓는 인터넷 언론기사가 대표적이다.

질문으로 독자를 유인했으면 기대를 충족시킬 수 있는 충실한 답을 주어야 한다. 궁금증을 충분히 해소할 수 있는 답변을 얻으면 글에 대한 만족도가 올라간다.

스타트업을 살리는 '좋은 제안서'에는 공통점이 있습니다. '좋은 제

5_이야기로 궁금증을 불러일으키는 도입

사람들은 이야기를 좋아한다. 이야기는 칼럼, 르포, 에세이를 비롯해 브랜드 홍보 글에도 자주 사용되는 도입 방법이다. 질문처럼 이야기도 궁금증을 불러일으킨다. 이야기의 힘을 잘 활용하면 글을 끝까지 읽게 할 수 있다. 글을 오랫동안 기억하는 데도 도움이 된다.

　아래는 화장품 브랜드 SK-2의 대표 상품 '피테라에센스'의 개발 스토리 도입부다. 제품 탄생 과정을 이야기로 풀어내며 제품에 대한 호기심을 갖게 만든다.

'피테라'는 30여 년 전, 일본의 한 양조장에서 발견됐다. 나이 든 주조사(술을 만드는 사람)의 얼굴은 주름이 가득했으나 손만은 아기같이 희고 부드러웠다. 이 현상에 주목한 화장품 회사 연구원들이 피부에 좋은 성분을 함유하고 있는 '효모 발효 대사액'을 연구하기 시작했다. 효모 350여 종에 대한 긴 연구 끝에 '피테라TM'이라는 혁신적인 성분이 탄생했다.

[근거]
설득은 팩트로!

실용문은 보통 어떤 주장이나 설득의 내용을 담고 있다. 설득은 팩트로 한다. 충분한 팩트로 주장을 탄탄하게 뒷받침하는 부분이 근거다. 도입에서 독자를 글 안으로 끌어들이는 데 성공하더라도 근거가 부실하면 실망감이 커진다. 호들갑 떠는 제목에 혹해서 클릭한 기사 내용에 실망한 독자들이 기자를 욕하는 건 그래서 다. 정확하고 설득력 있는 팩트를 근거에서 충분히 제공해야 한다. 사세요, 사세요, 하지 않아도 나열된 팩트를 보고 독자 스스로 '어머, 이건 사야 해'라고 느끼도록 만들어야 한다. 그래야 글의 마지막 단계에서 원하는 목적을 달성할 수 있다.

　도입에서 메시지로 건너가는 과정이 근거다. 근거는 보통 여러 개의 팩트로 구성된다. 여러 개의 팩트를 분류적 사고방식에 따라 큰 덩어리로 묶는다. 묶은 팩트의 덩어리들을 도입에서 메시지로 가는 길에 적당히 배치한다. 작은 덩어리부터 큰 덩어리까지 순서대로 배치할 수도 있고, 서로 색깔이 반대되는 덩어리를 교차하며 놓아두는 방법도 있다. 메시지에 도달하는 가장 효과적인 방법을 골라 팩트를 배열하면 된다.

1_나열과 분류

나열과 분류는 가장 쉬운 배열 방법이다. 우선순위와 상관없이 팩트 덩어리를 배열하면 된다. 나열은 말 그대로 마음 가는 대로 늘어놓는 방법이고, 분류는 식료품점에서 물건을 진열하듯 상위 카테고리에 따라 하위 카테고리에 해당하는 세부 내용을 분류해 늘어놓는 방법이다. 에세이 같은 글은 나열로도 충분하다. 조금 더 논리적으로 전개하고 싶다면 분류 방법을 쓴다.

부산에 다녀온 경험을 적는다고 치자. 여행기를 쓴다면 의식의 흐름대로, 또는 시간 순서대로 나열하면 된다. 출장 보고서라면 업무 종류에 따라, 또는 해결 과제에 따라 상위 카테고리를 나눈 후 해당되는 내용을 분류한다. 비즈니스 글이라면 분류 정도는 하는 게 좋다. 문장 실력이 대단히 뛰어나지 않다면 자칫 머릿속 정보가 정리되지 않은 것으로 보일 수 있다.

a. 나열

아래 글은 명절 연휴에도 묵묵히 자기 자리에서 일하는 사람들을 취재한 르포 기사 일부다. 각 에피소드 간 중요도 차이 없이 담담하게 나열하는 방법으로 설날 풍경을 그려냈다.

모두가 쉬는 민족의 대명절이지만 시내 곳곳에는 구슬땀을 흘리며 묵묵히 일하는 사람들이 있습니다. 조용히 자신의 일터를 지키는 시민 3명을 만나봤습니다.

"무사고 운전 30년… 올해도 안전 운행했으면"
버스기사 ○○○(60) 씨. 그는 시내버스를 몬 지 30년이 됐습니다. 30년 간 사고 한 번 낸 적 없는 무사고 경력을 자랑합니다. 설날 당일인 12일도 평소와 다름없이 오전 5시에 출근해 운전대를 잡습니다.

"입직 후 한 번도 명절에 쉰 적 없어… 오히려 자랑스럽다"
서울 중부경찰서 박○○(29) 경장은 24살에 입직한 이후 명절에 단 한 번도 부모님을 뵙지 못했습니다. "명절에 쉬는 경찰관은 아무도 없어요. 그래도 전혀 힘들지 않습니다. 부모님도 그런 아들을 자랑스러워하시고요."

"매년 설마다 병원에서 밤 지새워… 그래도 명절은 즐거워요"

암병동에서 근무하는 김○○(31) 씨는 이번 설날에 밤 11시부터 오전 9시까지 환자들을 간호하는 야간조에 편성됐습니다. 간호사가 된 후 9년째 명절마다 병원에서 밤을 지새우느라 한 번도 고향에 내려가지 못했습니다. 몸은 힘들지만 명절에는 병동에도 평소와 다른 뭔가 즐거운 기운이 감돌아 힘이 난다고 합니다.

b. 분류

많은 자료를 나열할 때 분류 방식을 사용하면 읽기 편하다. 아래는 마케터의 업무에 자주 사용되는 'TOOL'에 대한 설명을 나열한 글이다. 각 솔루션의 주요 기능을 3가지로 나눈 다음 각 분류에 맞게 12개 TOOL의 장단점을 정리했다. 소제목만 봐도 나열 방법을 한눈에 파악할 수 있다. 이렇게 나열할 때는 글 서두에 '12개의 TOOL을 3가지 유형으로 정리했다'는 식으로 몇 가지 포인트를 나열할 것인지 미리 알려주면 독자가 더욱 편하게 이어지는 글을 받아들일 수 있다.

마케터의 업무 능률을 10배 향상시키는 TOOL 12가지를 3가지 목적별로 나누어 소개합니다.

1. 쉽고 간편한 무료 설문조사 TOOL

1) 우리 회사가 구글 워크스테이션 기반이라면 '구글폼'

2) 가장 접근성이 편한 설문조사 툴 '네이버폼'

3) 무료로 다양한 기능을 쓸 수 있는 '서베이몽키'

4) UX에 최적화된 설문조사 TOOL '타입폼'

2. 소비자와 트렌드를 분석하는 시장조사 TOOL

5) 가장 생생한 시장 트렌드를 반영하는 '네이버 데이터랩'

6) 빅데이터에서 인사이트를 찾아내는 '구글 트렌드'

7) 데이터 뒤에 숨겨진 사람들의 진짜 생각이 궁금할 땐 '썸트
렌드'

8) 관심 키워드의 흐름을 추적ㆍ관리하려면 '블랙키위'

3. 똑똑하게 협업하자! 스마트워크 TOOL

9) 협업 끝판왕, '구글 워크 스페이스'

10) 혁명적인 메모앱, '노션'

11) 프로젝트 관리 최적화 솔루션 '트렐로'

12) 카카오톡 대신 회사에선 '슬랙'

2_중요도 순서

중요도 순서로 팩트를 배치하는 대표적인 글이 신문기사다. 신문기사의 구성법을 '역피라미드형'이라고 한다. 가장 핵심이 되는 내용을 맨 앞에 놓고 중요도에 따라 순차적으로 배치한다. 첫 문단만 남기고 나머지 내용을 모두 삭제해도 기사의 핵심 내용을 파악할 수 있다.

보도자료도 같은 순서를 따른다. 첫째는 기사화되기 가장 좋은 형식을 취하는 것이고, 두 번째는 하루에 100통 넘게 기자의 메일함에 몰려드는 보도자료 사이에서 핵심 내용을 빠르게 전달해 기자에게 선택되기 위함이다. 다른 지원자와 경쟁해야 하는 자기소개서도 마찬가지다. 중요도 순서에 따라 작성하면 발탁되는 데 유리하다. 시간이 없어 핵심 내용만 빨리 파악해야 하는 CEO나 임원에게 보고하는 자료도 중요도 순서로 작성하면 효율적이다.

다음은 행전안전부가 전국의 공공시설물의 지진에 대한 보강대책이 성공적으로 진행됐음을 홍보하기 위해 배포한 보도자료다. 전형적인 역피라미드 형식을 취했다. 첫 문단에 육하원칙이 모두 들어 있다. 두 번째 문단에서 첫 문단에 대한 좀 더 자세한 팩트를 제시하며 독자의 궁금증을 해소한다. 세 번째 문단은 내진보강대책이 어떤 장기계획 하에 이뤄지고 있는지를 설명하는 내용으로 몰라도 이해하는 데 크게 지장이 없다. 네 번째 문단에선 관계자 인터뷰를 인용했다. 보도자료에서 인용문은 통상 사업 성과에 대한 의미부여나 다짐 등을 담는다. 이 역시 없어도 문제 없는 부분이다.

1. 행정안전부(장관 전해철)는 지난해 '기존 공공시설물 내진보강대책'(이하 '내진보강대책') 추진 결과 당초 2021년도 내진율 목표치인 71.6%보다 0.4%p 초과한 72.0%를 달성하였다고 밝혔다.

2. 지난해 추진 실적을 자세히 살펴보면, 중앙행정기관 및 지방자치단체 등 공공기관에서 6,721억 원을 투입하여 4,129개소(중앙행정기관 3,200개소, 지자체 929개소)의 내진성능을 추가 확보하였다.

3. 한편, 중앙행정기관 및 지방자치단체는 도로, 철도, 항만 등의 국가기반시설과 학교 등과 같은 기존 공공시설물의 내진성능 향상을 위하여 5년 단위 중기계획인 '기존 공공시설물 내진보강 기본계획(2021~2025)'에 따라 매년 '내진보강대책'을 수립하여 추진하고 있다.

4. 김성호 행정안전부 재난관리실장은 "지진 발생 시 큰 피해가 우려되는 공공시설물이 조속히 내진성능을 확보할 수 있도록 지속적인 관심과 예산투자가 필요하다"며, "법정계획인 3단계 기본계획이 순조롭게 추진될 수 있도록 관계기관과 더욱 노력하겠다"고 말했다.[11]

3_문제와 해결

말 그대로 문제를 제기하고 해결방안을 제시하는 글 전개 방법이다. 일하면서 작성하게 되는 보고서, 기획서, 기안서는 거의 이 방법에 따라 작성한다. 상품 판매 페이지도 문제 제기와 해결의 방법을 따른다. 고객이 가진 불편함이나 문제점을 지적한 후 이 상품이 그 문제를 해결할 수 있다고 어필하는 식이다.

일하는 사람의 능력은 문제를 잘 제기하고 원인을 정확하게 파악한 후 효과적인 해결방법을 얼마나 잘 제시하느냐에 달렸다. 문제 제기만 잘 하는 것으로는 부족하다. 아무리 문제를 잘 짚었더라도 그것을 해결하는 방법이 구체적이고 현실적이지 않으면 그 글은 설득력이 떨어진다. 해결 방안은 그 사람의 전문성과 신뢰도를 보여주는 척도다. 대충 내용을 채워선 안 된다. 구체적인 계획이나 실행 방안이 뒷받침돼야 한다.

상품도 마찬가지다. 고객이 겪고 있는 문제점을 얼마나 잘 해결할 수 있는지가 곧 그 제품의 매력도를 결정한다. 문제 해결 방안을 제시하는 과정에서 그 제품의 전문성을 강조하게 된다. 특허를 받거나, 특수 공법을 사용했다는 식이다. 전문성을 강조하는 과정에서 고객이 알아들을 수 없는 어려운 용어를 사용하거나 기술 자체를 설명하는 데 매몰되지 않도록 주의해야 한다. 중요한 것은 이 제품이 '어떻게' 고객의 문제를 해결할 수 있는지 친절하게 설명하는 것이다.

아래 글은 펀딩 플랫폼 와디즈에서 발췌한 것이다. 와디즈는 펀딩 플랫폼의 특성상 기능성 제품을 판매하는 메이커가 많다. 공통점은 제품이 어떻게 고객의 문제를 해결할 수 있는지 자세한 근거를 들어 설명한다는 점이다. 예시의 제품은 종아리 스트레칭 기능이 있는 슬리퍼다. 상세 페이지 서두에 고객의 문제인 종아리 부기를 제시하고, 종아리 부기를 빼기 어려운 원인을 짚는다. 이후 이 슬리퍼가 어떻게 종아리 부기를 제거할 수 있는지 생체역학적 근거를 들어 설명하고, 제품의 장점을 조목조목 나열한다.

아무리 노력해도 빠지지 않는 종아리, 스트레스 많으시죠?

- 아침마다 다리가 붓는다

- 퇴근 후 집에 오면 종아리가 단단하다

- 다리가 자주 아프고 피로하다

- 바빠서 따로 운동할 시간이 없다

- 다리 라인이 콤플렉스다

종아리 부기는 왜 이렇게 빼기 어려울까요?

우리는 일상에서 종아리에 유독 긴장을 많이 하기 때문입니다. 오래 서 있거나, 앉아 있는 동작, 하이힐과 옷을 입는 경우 모두 그 원인에 해당됩니다. 근육의 긴장(수축)과 완화(이완)가 반복적으로 함께 이루어져야 합니다.

부기 빼기의 핵심은 반복적인 스트레칭입니다

- 신고 걷기만 해도 하체 스트레칭부터 코어근육 강화까지
- 특수 설계된 아웃솔이 자연스러운 스윙 움직임을 유도
- 내측, 외측 종아리 근육을 집중 스트레칭
- 햄스트링과 허벅지 자극 활성화
- 코어에 긴장감을 주어 신체 밸런스 강화

이제 진짜 신기만 하세요.
바쁜 아침 시간, 신고 돌아다니기만 해도 외출 전에 종아리 부기를 뺄 수 있습니다.

과학적으로 검증된 스트레칭으로 근활성도와 부기 감소 효과

○○ 슬리퍼를 착용하고 앞꿈치를 들고 있으면 비복근(뒤 종아리)의 근육 움직임이 활성화되며, 반대로 뒤꿈치를 들고 있으면 전경골근(앞 종아리) 근육 움직임이 활성화됩니다. 보행 시에는 비복근, 전경골근, 햄스트링, 척추기립근의 근육 움직임이 활성화됩니다.

안전하고 효과적인 스트레칭을 위한 디테일

Detail 1. 슬리퍼의 쿠셔닝 소재는 신체 연골의 경도와 가장 비슷한

60도(+/-3)로 착용 시 무릎, 허리의 부담감을 최소화하였습니다.

Detail 2. 발목의 각도가 45도를 넘어가면 과도한 부하가 생길 수 있기 때문에 스트레칭이 안전한 범위 내에서 최적의 각도로 설계되었습니다.

Detail 3. 일반 슬리퍼보다 두껍고 긴 스트랩이 안정적으로 발을 잡아주며 풋베드 내부의 이상적인 아치 형태가 자연스러운 동작을 유도합니다.

놀랍도록 간편하지만 확실한 종아리 스트레칭 효과. 이제 어디서든 신고만 계세요![12]

4_비교와 대조

비교와 대조는 서로 비슷한 것끼리, 또는 다른 것끼리 견주는 것이다. 비교가 비슷한 점을 찾아내는 것이라면, 대조는 다른 점을 찾아내기 위해 사용하는 전개 방법이다. 비교와 대조를 활용한 글 전개 방법은 시장 분석 리포트, 칼럼 등에 자주 사용된다. 비교를 통해 공통점을 찾아내 인사이트를 도출하거나, 대조를 통해 장단점을 파악하는 식이다.

a. 비교

이 책 앞부분에서 토스와 마켓컬리, 29cm의 글쓰기를 소개한 글은 전형적인 비교 방법을 사용했다. 서로 다른 웹 서비스 3개의 글쓰기 방법을 비교해 '고객 입장에서 쓴다'는 공통점을 찾아 냈다.

토스는 국내에서 아직 생소한 UX Writing 전담팀을 운영하고 있다. 이 팀은 많은 사람들이 어려워하는 금융 용어를 이해하기 쉽게 바꿔 사용자 경험을 개선하는 역할을 한다. 어려운 용어를 풀어 설명할 뿐 아니라, 불필요한 단어와 문장을 없애 간결하게 만든다. 토스의 글쓰기는 사용자 입장의 정보 전달User-side Info, 잡초 제거하기Weed Cutting, 말하기 쉬울 것Easy to Speak, 일관성 유지Keep Consistensy의 4가지 글쓰기 원칙Writing Principle 하에 이뤄진다. '쉽고 간편한 금융'이라는 토스의 브랜딩은 이처럼 세심하게 사용자 입장을 고려하는 글쓰기로 완성됐다.

마켓컬리의 상세 페이지 글쓰기는 철저히 소비자를 지향한다. 마켓컬리는 상세 페이지에서 꼭 필요한 내용만 남기고 모두 없애 분량을 확 줄였다. 그러면서 사용자 경험에 초점을 맞춰 제품 소개를 쓰는 데 집중한다. 가장 신선한 식품을 가장 빠르게 전달하는 마켓컬리의 브랜딩은 샛별배송뿐 아니라 철저히 소비자 입장에서 식품을

구입하고 먹는 경험, 그 자체에 집중한 글쓰기가 뒷받침돼 만들어
졌다.

29cm는 다른 데서는 쓰지 않는, 모두 알고 있지만 글로 표현하지
않았던 사소한 경험을 카피에 반영한다. '몸을 껴안는 옷, 니트'라는
카피는 니트를 입은 촉감을 떠올리게 한다. 29cm는 부드러운 니트
를 입었을 때 폭 파묻히며 몸을 감싸던 기억을 불러낸다. 설명하는
게 아니라 느끼게 한다. 모두가 익숙한 일상에서 의미와 가치, 계기
를 발견해 새롭게 담아내는 것. 타 쇼핑몰과 뭔가 다른 '느낌적인 느
낌'을 풍기는 것이 29cm를 만든 카피라이팅의 비결이다.

세 브랜드의 글쓰기는 공통점이 있다. 철저히 사용자 입장에서 쓴
다. 브랜드가 추구하는 목적이 분명하지만 하고 싶은 말을 하는 것
이 아니다. 사용자가 듣고 싶은 말을 한다. 어려운 금융 용어를 사용
자가 쉽게 이해할 수 있도록 쓴다. 신선한 과일을 재배하고 새벽 일
찍 배송하는 데 들이는 노력을 열거하는 대신 그것을 입에 넣었을
때 소비자가 느낄 즐거움을 그린다. 소비자가 일상에서 느낀 감정
을 뜻밖의 상황에 끌어내며 공감을 불러일으킨다.

b. 대조

아래 글에서는 쿠팡과 SSG의 물류센터 시스템을 대조했다. 물

류센터 시스템에 따른 취급 상품의 차이, 각 회사의 전략에 따른 장단점을 대조를 통해 파악했다.

물류센터의 공정은 크게 8단계다. 하차·하역, 포장해체, 창고이동, 창고분류, 포장, 이동, 검수, 상차·배송의 순서다. 쿠팡은 이 중 5개 공정(포장해체, 창고분류, 포장, 검수, 상차·배송)을 인력에 의지하고 있다. SSG는 3개 공정(포장해체, 검수, 상차·배송)을 인력이 담당한다. SSG는 아마존도 성공하지 못한 창고분류 공정을 자동화하며 물류센터 공정을 상당히 효율화했다. 반면, 쿠팡은 물류센터 공정 전반에 걸쳐 사람에 대한 의존도가 상당히 높다.

두 회사의 물류 시스템 차이는 주로 취급하는 제품에서도 차이를 가져온다. SSG처럼 자동화된 물류센터에선 규격화된 제품을 취급해야 한다. 상품 크기나 품종이 한정적일 수밖에 없다. 이 때문에 SSG닷컴은 즉석밥 같은 가공식품 비중이 65%로 높다. 반면 대부분의 공정을 사람이 처리하는 쿠팡은 다품종을 취급하는 게 가능하다. 600만 가지에 달하는 상품을 로켓배송으로 운용할 수 있는 이유다.

쿠팡과 SSG의 전략은 각각 장단점을 가지고 있다. 쿠팡 물류센터는 많은 인력을 필요로 한다. 인건비 부담이 크다. 거래액이 늘어나고 물류센터가 늘어나면 비용도 따라서 증가한다. 장기적으로 회사가 성장하는 데 물류비용이 발목을 잡게 된다. 반면 SSG는 인건비 부담이 적다. 쿠팡 물류센터 한 곳에 보통 1,600여 명이 근무하는 반면, SSG는 250여 명이 근무한다. 대신 SSG는 자동화 설비를 갖추는 데 많은 시간과 비용을 투입해야 한다. 자동화 시스템이 갖춰진 물류센터를 짓는 데는 훨씬 넓은 땅이 필요하기 때문에 전국 단위로 배송을 확대하는 데 시간이 많이 든다. 자동화에 몰두할 필요가 없는 쿠팡은 기존에 지어진 건물을 임대해서 사용하면 된다는 점이 유리하다. 전국 단위로 로켓배송을 빠르게 확대할 수 있었던 배경이다.

5_이야기

스토리텔링의 중요성이 점점 커지고 있다. 스토리가 기본이 되는 영화나 드라마, 게임은 물론이고 마케팅, 교육, 정치 분야까지 스토리텔링의 중요성을 강조한다. 이야기는 인간이 언어를 사용하기 시작한 이래 가장 사랑받는 의사소통 방식이다. 이야기로 메시지를 전달하면 상대방이 더욱 공감한다. 오래 기억할 수 있다. 더 멀리 퍼뜨릴 수 있다. 이야기는 힘이 세다.

환경 피해를 최소화하면서 최고의 제품을 만든다는 파타고니아의 브랜드 철학은 유명하다. 사업 초창기, 창업자 이본 쉬나드는 잘 팔리던 등산 장비 '피톤'이 바위에 피해를 입힌다는 이유로 판매를 포기하고 환경 피해를 최소화할 수 있는 '초크'를 개발한다. 파타고니아의 환경보호에 대한 진정성을 엿볼 수 있는 에피소드다.

1970년 쉬나드 이퀴먼트는 미국 최대의 등반 장비 공급업체가 되었다. 그것은 환경 파괴의 장본인이 되는 길의 시작이기도 했다. 느리기는 했지만 꾸준히 등반의 인기가 높아지면서 볼더 인근의 엘도라도 협곡, 뉴욕의 샤왕겅크, 요세미티 계곡과 같이 잘 알려진 루트에 사람들이 몰리게 되었다. 연약한 크랙에 경강 피톤을 반복적으로 박아 넣고 빼낸 덕분에 암벽은 흉하게 망가졌다. 엘카피탄의 노즈 루트를 등반한 나는 몇 해 전 여름만 해도 자연 그대로의 모습을 간직하고 있던 그곳이 심하게 훼손된 것을 발견하고 염증을 느끼며 집에 돌아와야 했다. 프로스트와 나는 피톤 사업을 단계적으로 폐지하기로 결정했다. 우리가 수년에 걸쳐 밟게 될 환경보호를 향한 발걸음의 시작이었다. 피톤은 우리 사업의 중추였지만 그 사업으로 인해 우리가 사랑해 마지않는 암벽들이 훼손되고 있었다.

다행히 피톤을 대체할 수 있는 물건이 있었다. 손으로 끼워 넣을 수 있는 알루미늄 초크chock가 그것이었다. 우리는 스토퍼stopper와 헥센트릭hexentric이라는 이름으로 우리 버전의 초크를 만들어 소량씩 판매했고 1972년부터 쉬나드 이퀴먼트 카탈로그에도 포함시키기 시작했다.

이 카탈로그는 피톤의 환경적 해악에 대한 사설로 시작된다. [클린 클라이밍]이라는 제목의 이 글은 다음과 같은 강렬한 문장들로 시작되었다. "이를 칭하는 단어가 있다. '클린clean'이라는 단어이다. 지나간 등반가에 의해 바위에 변형이 일어나지 않기 때문에 클린이다. 해머로 박아 넣고 빼내면서 바위에 상처를 남기고 다음 등반가가 부자연스러운 형태를 경험하게 하는 일이 없기 때문에 클린이다. 바위에 변형을 주지 않고 등반하는, 자연인으로서의 유기농 등반에 한 걸음 가까이 가는 활동이 클린 클라이밍이다."

570그램짜리 해머로 피톤을 최대한 박아 넣곤 했던 나이 든 등반가들의 저항과, 높은 암벽 등반에는 으레 피톤을 사용해왔는데 어떻게 작은 알루미늄 '너트'만을 사용하느냐고 말하는 젊은 등반가들의 항의가 잇따랐다. 우리의 주장을 입증해 보이기 위해 브루스 카슨과 나는 해머나 피톤 없이 오로지 초크만 사용하고 이미 설치되어 있는 피톤과 몇몇 볼트에만 의지해서 엘카피탄의 노즈 루트를 올랐다.

카탈로그가 발송되고 몇 개월 만에 피톤 판매가 줄어들었다. 초크는 만들 수 있는 것보다 더 빠른 속도로 팔려 나갔다.[13]

[메시지]
독자를 행동하게 하라!

진짜 하고 싶은 말을 할 때가 됐다. 마무리 단계에선 종지부를 찍어야 한다. 단순히 결론만 내선 안 된다. '결론'이라고 하지 않고 '메시지'라고 하는 이유다. 메시지는 독자의 행동을 요구해야 한다. 글쓴이가 독자에게 원하는 행동은 여러 가지다. 구매, 결재, 웹사이트 방문, 채용, 생각의 전환 등.

사람들은 결정을 미루고 싶어 한다. 본능이다. 결정에는 책임이 따르기 때문이다. 메시지를 정확하게 전달하지 않으면 독자는 결정하지 않고 글을 떠나 버린다. '이 슬리퍼를 사면 도움이 될 것 같은데?'라고 생각했더라도 명확한 메시지가 없다면 '나중에 사지 뭐' 하고 페이지를 벗어난다. 벗어나려는 독자를 향해 '지금 바로 구입하는 것이 좋다'고 말해줘야 한다. 독자가 무엇을 결정해야 할지 확실하게 요청해야 한다. 글을 다 읽은 독자가 '어쩌라는 거지?'라는 의문을 가지면 안 된다. 우리가 쓰는 실용적인 글은 여운을 남기면 안 된다.

1_요구의 메시지

요구는 독자에게 어떤 행동을 할 것을 직접적으로 말하는 것이다. 행동이나 생각의 변화를 요구한다. 가장 대표적인 것은 상품 판매 페이지다. '지금 바로 구매하세요!' 같은 문구가 그것이다. 자기계발서나 연설문, 사설도 독자의 행동과 사고의 변화를 촉구하며 마무리한다.

생각보다 우리나라 사람들은 직접적으로 요구하는 것을 어색해한다. '이 정도 말했으면 무슨 뜻인지 알았겠지'라고 생각하는 경우가 많다. 요구를 잘 못 할 뿐 아니라 어렵게 결심한 독자를 헤매게 하는 경우도 많다. 상품 소개를 실컷 해놓고 구매 페이지 링크를 달아놓지 않거나 이메일, 전화번호 등의 콘택트 포인트를 작게 써놓는 식이다. 이제 무엇을 하면 될지 정확하고 친절하게 안내하는 것이 글을 끝까지 읽느라 시간과 노력을 들인 독자에 대한 예의다.

다잡아 미스트는 주문 폭주로 인해 18차 리오더 생산을 하고 있습니다. 오래 기다려주신 고객님을 위해 특별 이벤트를 진행합니다. 8월 1일부터 구매하시는 고객들께는 선착순 100분에 한해 2병 구입 시 추가로 1병을 증정합니다. 이번 리오더를 마지막으로 올해는 추가 생산 계획이 없습니다. 지금 구매하지 않으면 내년까지 기다려야 할지도 모릅니다. 지금 바로 구매하세요! 구매 링크는 [여기]

2_해법을 제시하는 메시지

어떤 사안에 대한 문제를 제기하고, 원인을 파악했다면 문제를 해결하기 위한 해법을 제시해야 한다. 많은 사람들이 문제 제기에는 능숙하지만 해법 제시를 어려워한다. 비판적인 시각으로 문제를 제기해놓고 해법은 두루뭉술하게 뭉뚱그리는 경우가 많다. 우리는 보고서, 기획서, 제안서 등 여러 상황에서 해법을 제시해야 하는 경우를 맞닥뜨리게 된다. 해법은 구체적이고 현실적이어야 한다. 일하는 사람의 능력은 해법 제시에서 나온다. 전문가에 대한 믿음도 어떤 해법을 제시하느냐에 달렸다.

패션 플랫폼 무신사는 2019년 7월 "속건성 책상을 '탁' 하고 쳤더니 '억' 하고 말라서"라는 문구를 사용한 양말 광고 게시물을 인스타그램에 업로드했다. 이 게시물은 박종철 고문치사 사건을 회화화했다는 소비자들의 거센 비난을 받았다. 당시 무신사는 빠르게 재발 방지 대책을 내놓고 사과문을 발표했다. 현실적인 해법과 진정성이 담긴 이 글은 '사과문의 정석'으로 평가받으며 자칫 나빠질 수 있는 기업 이미지를 오히려 긍정적으로 바꾸는 데 일조했다. 아래는 사과문의 마무리 부분 중 일부다.

폐사의 취업규칙에 의거하여 해당 콘텐츠를 만든 담당자는 정직 및 감봉 그리고 직무변경, 검수를 누락한 편집 팀장은 감봉으로 징계 처리되었습니다.

금일(7월 12일), EBS 소속 최태성 강사님을 초빙하여 전 직원을 대상으로 근현대사 민주화운동에 대한 강의 진행 중에 있습니다. 또한 차주부터 발행되는 콘텐츠는 2명의 검수자를 거쳐 발행되도록 조치하였습니다.

무지하여 발생된 일이지만 그것이 저희 잘못에 대한 변명이 될 수 없기에 사후조치들을 무거운 마음으로 진행 중입니다.

이번 일을 계기로 더 큰 책임감을 가지고 신중하게 콘텐츠 제작에 임하겠습니다. 앞서 말씀드린 바와 같이 검수 체계를 개선하여 누군가에게 상처가 될 수 있는 콘텐츠가 제작되는 일이 없도록 하겠습니다.

본 사과문은 무신사 홈페이지에 게재하고 금일부터 3일간 메인 화면에 팝업으로 노출하겠습니다. 다시 한번 진심으로 모든 분들께 사과 드립니다.

3_의지를 피력하는 메시지

글쓴이의 의지를 가장 잘 드러내는 글은 자기소개서다. 자기소개서의 앞부분에서는 지원하는 회사 또는 학교에 본인이 꼭 필요한 이유를 팩트로 설명한다. 마무리 부분에서는 입학 또는 입사 시 무엇을 할 수 있고, 무엇을 하고 싶은지 의지를 분명하게 드러내고 자신을 뽑아 달라는 메시지를 강력하게 전달해야 한다. 기업의 보도자료도 의지를 담은 메시지를 전달한다. 'ESG경영을 통해 친환경 기업이 되겠다'는 식이다.

아래 자기소개서의 마무리는 입사 후 어떤 일을 하고 싶은지에 대해 구체적으로 밝히며 자신이 적합한 인재라는 메시지를 전달한다.

보안 CISO가 되어 ○○그룹의 보안 전문가가 되겠습니다. IT 부서의 운영을 담당하며 세계 1위의 보안 수준으로 향상할 수 있도록 도전하겠습니다. 이 목표를 위해 저는 정보보안 기사 자격증을 취득하였습니다. 입사 후에도 자기계발을 위해 CISA, CISSP 등의 자격증에 도전하며 자기계발을 멈추지 않겠습니다. ○○그룹에 입사하게 된다면 5년 차에는 사내 시스템의 효율성 증가를 위한 보안 기획에 참여해 프로젝트를 성공시키고 싶습니다. 더 나아가 입사 10년 후에는 사내 시스템과 ○○의 보안을 담당하는 전문가로 성장할 것입니다.

4_인용을 활용한 메시지

일반적인 실용 글에서 인용으로 마무리하는 경우는 많지 않다. 칼럼이나 문학성이 강한 에세이 등에 자주 쓰인다. 도입부에서 좋은 인용이 독자를 글로 이끄는 데 큰 영향력을 미치는 것처럼 메시지와 딱 들어맞는 인용이 마무리에 사용되면 독자에게 깊은 여운을 남길 수 있다.

실용 글쓰기에서 마무리에 인용을 가장 많이 사용하는 분야는 방송이나 신문기사다. '쿼트Qoute'라고 한다. 기사에서 다룬 내용에 대해 관계자나 전문가의 언급을 추가한다. 보도자료에는 보통 기업 내부 관계자의 코멘트를 마무리에 넣는다. 인용문에는 보도자료의 핵심 내용은 아니지만 기업이 추구하는 방향이나 가치, 미래 계획 등의 메시지를 담는다.

아래 예시는 제품 가격 인하 보도자료를 작성하며 마무리에 사용한 인용구다.

베이직하우스 관계자는 "온라인 전용 브랜드로 전환하면서 유통 과정에서 발생했던 비용을 줄이고 고객분들께 9년 전 가격으로 선보일 수 있게 돼 기쁘다"며, "품질은 높이고 가격을 낮춘 가성비 전략으로 온라인 마켓의 베이직 아이템 시장에서 빠르게 경쟁력을 확보할 계획"이라고 밝혔다.

5_질문과 반전을 활용한 메시지

질문과 반전은 실용 글쓰기에서 자주 사용하지 않는 마무리 방법이다. 독자에게 질문을 던지거나 반전을 선사함으로써 스스로의 판단과 성찰을 유도한다. 때문에 즉각적인 행동을 이끌어내기는 어렵다. 주로 칼럼이나 에세이에서 사용하는 메시지 전달 방법이다.

다음은 세계 곳곳에서 이뤄지는 주 4일제 근무 실험을 보도하는 뉴스 기사의 마무리다. 주 4일제 근무를 시행한 여러 나라의 사례를 소개하고, 이 제도가 미래의 새로운 근무형태로 자리잡을 수 있을지 질문하며 마무리된다.

이 실험을 통해 노동자들이 추가로 생긴 휴일을 어떻게 보낼지, 늘어난 휴일이 스트레스를 줄이고 일에 대한 만족도가 높아지는지에 대한 연구가 진행될 예정입니다. 과연 '주 4일제' 실험은 근무시간을 줄이면서도 생산성을 유지할 수 있을까요? 주 4일제가 엔데믹 시대의 새로운 근무형태로 자리잡을 수 있을까요?

구성을 고민하고 메시지에 따라 서로 다른 글 전개 방법을 취하는 이유는 효과적으로 설득하기 위해서다. 글의 첫 번째 목적은 독자가 글을 읽게 하는 것이다. 독자가 글을 읽기 시작하면 두 번째 목적은 글을 떠나지 않게 하는 것이다. 끝까지 읽는다면 설득될 가능성이 높아진다. 그렇다면 끝까지 읽게 할 방법을 고민해야 한다.

우리의 독자는 바쁘다. 산만하다. 웬만해선 글에 끝까지 집중하기 어렵다. 독자의 관심을 끝까지 유지하기 위해선 좀 더 적극적이고 세심한 방법이 필요하다. 독자가 글을 읽으며 나의 글에 동조해야 한다. 독자의 불신을 해소하고 호감을 얻어야 한다. "맞아, 맞아" 하면서 글을 읽어 내려간 독자는 막바지에 이르러 '그래서 이것을 해야 한다'고 요청했을 때 흔쾌히 우리가 원하는 행동을 한다.

1_공감하라

공감은 독자의 마음을 움직일 수 있는 가장 강력한 수단이다. 누군가 나와 같은 생각을 하거나 공통점이 있으면 사람은 호감을 느끼게 된다. 같은 맛집을 공통적으로 알고 있다는 사소한 사실만으로도 쉽게 유대감을 갖게 되는 게 사람이다. 유대감은 신뢰로 이어진다. 최소한 상대방이 나를 속이지는 않을 거라는 믿음을 갖게 된다.

독자와 공감을 형성하는 방법은 그의 고민을 이해하는 것이다. 그가 겪고 있는 어려움, 해결하고 싶어 하는 문제에 대해 먼저 얘기해보자. 독자는 나에 대한 불신을 내려놓고 글을 읽어 내려갈 것이다.

잠이 오지 않을 때 어떻게 하시나요? 아마도 조용한 음악을 듣거나 숙면에 좋은 음식을 먹어 보는 등 불면증을 해결하기 위해 많은 노력을 하셨을 겁니다. 안타깝게도 이런 노력에도 불면증은 좀처럼 해결되지 않습니다.

불면증에 시달리는 분들은 평소 스트레스가 많은 경우가 대부분입니다. 몸은 천근만근이지만 잠자리에 누워도 오랜 시간 뒤척일 뿐 쉽게 잠이 오지 않습니다. 이러면 다음 날도 개운하지 않아 피로는 더 가중됩니다.

나아가 만성 불면증이라면 자다 깨기를 반복하고, 하루 수면 시간이 2~3시간에 그치기도 합니다. 이러면 수면제 같은 약을 복용하기도 하는데, 수면제는 우울증 같은 부작용을 동반해 삶의 질까지 떨어뜨리게 됩니다.

2_질문하라

사람은 질문을 받으면 답을 찾고 싶어 한다. 질문은 독자를 몰입하게 하는 좋은 방법이다. 사람은 궁금한 점이 생기면 해답을 찾을 때까지 질문에 집중하게 된다. 호기심은 기본적으로 불안정한 상태다. 사람은 본능적으로 불안정한 상태를 안정적인 상태로 복원시키고 싶어 한다. 궁금한 점에 대한 답을 찾으면 만족감과 성취감마저 느끼게 된다. 독자에게 매력적인 질문을 던져보자. 그는 답을 찾기 위해 나의 글에 몰입할 것이다.

- '스세권', '숲세권', '꼼세권'… 요즘 유행하는 N세권, 몇 개나 아시나요?
- 소상공인 마케팅, 아직도 고민만 하시나요?
- 싱겁게 먹으면 건강해진다는 게 사실일까요?

3_선언하라

글은 단정적으로 써야 한다. 단정적으로 써야 믿는다. 정보가 넘쳐나고, 결정해야 하는 것도 너무 많은 세상이다. 사람은 믿을만한 사람이 정확한 방향을 제시해준다면 그대로 따르고 싶은 마음을 한편에 가지고 있다. 팩트를 통해 어느 정도 신뢰가 확보된 상태에서 자신 있게 설득하면 못 이기는 척 그 주장에 넘어가 주려는 마음이 생긴다.

선언은 판매의 상황에서 잘 먹힌다. '이걸 구입하시는 게 좋을 텐데……'라고 말하는 것보다 '지금 바로 구입하세요'라고 단정적으로 말하는 게 효과적이다. 홈쇼핑을 보면 알 수 있다. 시간당 몇억 원을 팔아치우는 판매의 대가들이 진행하는 게 홈쇼핑이다. 쇼호스트는 이 제품을 구입하지 않으면 후회할 거라고 선언한다. 이 기회를 놓치면 바보라고 단정한다. 다른 사람은 이미 구입하고 있는데 뭘 망설이냐고 압박한다. 고객은 조급함마저 느끼게 된다. 판매자가 전달하고자 하는 메시지에 더욱 몰입하게 된다.

- 현명한 엄마는 ○○학습지를 선택합니다
- 완판 행진! 무엇을 선물해야 할지 더 이상 고민하지 마세요
- 이벤트가 종료되기 전에 서두르세요
- 한 달만 따라하면 무조건 살 빠지는 운동법

부정선언도 있다. "침대는 가구가 아닙니다."가 대표적이다. 당연한 것을 부정하면 그 자체로 눈길이 간다. 그러면서 '진짜 말하려고 하는 게 뭐지?' 하는 호기심이 생긴다. 미국의 전기차 루시드에어는 "우리의 경쟁자는 테슬라가 아니다."라고 말한다. 테슬라의 대항마로 평가받는 루시드 에어는 이를 부정하며 "우리의 경

쟁자는 벤츠 S클래스다."라고 말한다. 당연히 여겨지는 명제를 부정하고 호기심을 끈 다음 한 단계 높은 목표를 제시한다. 자신들의 위치를 테슬라와 동등하거나 좀 더 높은 위치로 포지셔닝한 부정선언 기법이다.

4_예시를 들라

예시를 들어 글을 쓰면 두 가지 효과가 있다. 하나는 어려운 내용을 쉽게 이해하게 만들어준다는 것이고, 두 번째는 지루한 내용을 재미있게 만들어준다는 것이다. 주장하지 말고 팩트를 제시하라고 했다. 팩트는 예시다. 구체적인 사례나 경험담, 증언 등의 도움을 받으면 설득이 쉬워진다. 제품을 살 때도 생생한 후기가 있으면 구매 결정이 쉽다. 글도 마찬가지다. 생생한 예시가 있으면 주장을 납득하기 쉬워진다.

<주장>

MZ세대는 건강관리를 하는 데 어플리케이션 등 디지털 수단을 적극적으로 활용한다.

<예시>

실시간 비대면 마라톤, 맞춤형 달리기 플랜 등을 제공하는 어플리케이션 '런데이'의 사용자 중 MZ세대의 비중은 77%다.

'루티너리'는 운동하기, 물 마시기 등 하루 동안 지켜야 하는 루틴을 정하고 실행 여부를 체크하는 어플리케이션이다. 출시 1년 만에 전 세계 다운로드 80만 건을 돌파했는데, 이 중 MZ세대의 비중이 83%를 차지했다.

한화생명은 MZ세대를 공략하기 위해 목표달성 어플리케이션 '챌린저스'와 협업해 수면관리, 멘탈관리 등의 미션을 달성하는 '라이프게임'을 개최했다. 1억 원의 상금을 걸고 진행된 이 행사에 MZ세대 2만 6,400여 명이 참여했다.

예시는 주장하고자 하는 바와 일치해야 한다. 의외로 이 점을 간과하는 경우가 많다. 주장에 딱 들어맞지 않는 예시는 오히려 설득력을 떨어뜨린다. 만약 주장에 부합하는 예시를 찾기 어렵다면 주장 자체에 문제가 있는 것은 아닌지 검토해볼 필요도 있다.
또한 예시는 흥미로워야 한다. 예시를 드는 것은 어렵거나 지루한 주장을 쉽게 설명하기 위해서다. 따라서 예시를 들 때는 가급적 흥미롭고 이해하기 쉬운 사례를 찾는 노력을 해야 한다. 글의 종류에 따라 얼마나 참신하고 좋은 예시를 드느냐가 글의 품질을 결정하기도 한다. 예를 들어, 마케팅 트렌드 리포트 같은 것을 작성한다면 사례가 얼마나 최신의 것인지, 주장하고자 하는 트렌드의 방향과 일치하는지가 글의 신뢰도에 결정적인 영향을 준다.

5_ 프레이밍을 활용하라

동일한 현상을 어떤 인식의 틀로 바라보느냐에 따라 의사결정에 영향을 미칠 수 있다. 예를 들어 누군가에게 일을 부탁할 때, "A를 좀 해줄 수 있어요?"라고 물어본다면 부탁받은 이는 '할까, 말까'를 고민하게 된다. 그런데 "A를 ○월 ○○일까지 해줄 수 있어요?"라고 물어보면 그의 머릿속은 '○월 ○○일을 맞출 수 있느냐, 없느냐'를 계산하는 데 초점이 맞춰진다. '할까, 말까'의 프레임에서 '미룰까, 말까'의 프레임으로 전환되는 것이다.

프레이밍은 마케팅에서 널리 쓰이는 기법이다. 60계치킨은 "매일 깨끗한 기름으로 60마리만 튀긴다."고 광고한다. 통상 치킨가게에서 닭을 50~70마리 정도 튀기고 나면 기름을 간다고 한다. 기름이 검게 변해서 더 사용할 수 없다는 것이다. 업계에서 당연한 상식을 60계치킨은 마케팅 포인트로 내세웠다. 신선한 기름만 쓰는 치킨집으로 자신들을 프레이밍하면서 기존의 치킨가게들을 '신선하지 않은 치킨', 60계치킨은 '신선한 치킨'으로 나누는 데 성공한 것이다.

상품 판매 페이지에서 여러 가지 옵션을 제시하는 것도 프레이밍 기법이다. 이 제품을 왜 사야 하는지 설득하는 대신 여러 가지 선택지를 보여주면 소비자는 '살까 말까'를 고민하는 데서 '무엇을 살까'로 옮겨가게 된다. 이런 방법은 식당의 메뉴판에서도 자주 볼 수 있다. 가끔 이런 걸 누가 먹을까 싶은 비싼 메뉴를 보게 된다. 주력 메뉴가 1만 원짜리라면, '1만 원/8천 원/6천 원'으로 구성하는 것보다 '1만 2천 원/1만 원/8천 원'으로 구성하는 게 더 효과적이다. 가장 비싼 메뉴는 그보다 한 단계 저렴한 메뉴를 팔기 위한 장치인 경우가 많다.

프레이밍이 가장 효과적이고 파괴적으로 활용되는 분야는 정치다. 2016년 영국 브렉시트 찬반 투표에서 찬성파는 "Take BACK Control(다시 주도권을 되찾자)"이란 구호를 내걸었다. 그 전까지 브렉시트 찬반 논의에서 중요한 것은 EU에 잔류했을 때의 이익, 탈퇴했을 경우 부담해야 할 비용 같은 것이었다. 그런데 "Take BACK Control"이 등장하면서 "영국의 (EU 가입 이전에 갖고 있었던) 주도권을 되찾아 올 수 있느냐 없느냐"로 싸움터가 옮겨졌다. 영국인들의 상실감을 자극한 이 문구는 결국 브렉시트라는 결과를 만들어냈다. 같은 해 미국 저학력 백인 남성들을 결집시킨 "Make America Great Again(미국을 다시 위대하게)"이란 구호도 트럼프 당선이란 결과를 만들어냈다.

'지방 10%'가 아니라 '단백질 90%'라고 쓴다.

'사망률 20%'가 아니라 '생존률 80%'라고 쓴다.

'5% 할인' 대신 '1만 원 할인'이라고 쓴다.

'한 달 후원금 5,000원'이 아니라 '커피 한 잔이 아프리카 아이의 한 달 식사'라고 쓴다.

6_구체적인 숫자를 말하라

설득에는 감성과 이성이 모두 동원된다. 공감, 선언 같은 것들이 감성에 호소한다면 숫자는 이성으로 설득한다. 사람은 전적으로 감성에 의지해 결정하는 것을 불안해한다. 이성적인 근거를 찾고 싶어 한다. 숫자는 주장이 이성에 근거하고 있음을 보여주는 증거다. 주장에 정확하고 구체적인 숫자가 있다면 독자는 안심하고 결정할 수 있다. 숫자 사용엔 또 다른 이점도 있다. 내용과는 별개로 글자 사이에 숫자가 있으면 그 자체로 눈에 띈다. 주목도가 올라간다. 숫자를 쓸 때는 '다섯 가지'라고 쓰지 말고 '5가지'라고 쓰자.

- 이번 지방 선거에서 총 12만 8,000여 장의 현수막이 쓰였다. 이 현수막을 한 줄로 이어보면 그 길이가 1,281km에 이른다. 무게도 192t에 달한다.

- 60일만 연습하면 글쓰기가 확 좋아지는 23가지 비법

- 연구 개발에 쏟은 시간 총 8,967시간, 원단 테스트 횟수 총 63
  회, 핏 테스트 횟수 총 45회

- 월간 브랜드 검색량 90만 건, 리얼 후기 56만 개, 평균 만족도
  9.7점을 기록했습니다.

- 30분 내 배달 보증!

마케터를 위한
실전 글쓰기

1

보도자료
쓰기

아마존은 보도자료를
먼저 쓴다

아마존은 제품이나 서비스를 개발하기 전에 보도자료부터 쓴다. 기획 단계에서 보도자료를 쓴다. 통상 기업에서 제품이나 서비스 출시 맨 마지막 단계에서 보도자료를 작성하는 것과 반대 순서다. 이처럼 거꾸로 일하는 아마존의 방식을 '워킹 백워드Working Backward'라고 한다. 보도자료에는 한 줄로 압축된 제목, 새로운 서비스의 내용, 고객이 받을 수 있는 혜택, 고객이 궁금해할만한 점, 신제품 개발의 취지 등을 압축적으로 담는다. 보도자료를 쓰다 보면 고객 입장에서 객관적인 판단을 할 수 있다. 제품의 최종 목표가 더 명확해진다. 어떤 기능이 필수적이고 어떤 것이 고객에게 더 매력적일지 가늠할 수 있다. 이렇게 완성된 보도자료를 가이드 삼아 제품이나 서비스를 개발한다.

아마존이 보도자료를 먼저 쓰는 이유는 고객 입장에서 생각할 수 있어서다. 보도자료는 우리의 제품과 서비스가 대중과 만나는 첫 관문이다. 대중을 만나기 전에 먼저 기자라는 관문을 통과해야 한다. 언론은 대중이 무엇을 중요하게 생각하는지 잘 안다. 언론을 솔깃하게 만들 수 있는 보도자료라면 1차 관문은 통과한 것이다. 보도자료를 쓰다 보면 1차 대중인 기자를 만족시키기 위해 어떤 점을 부각해야 할지, 무엇에 집중하고 무엇을 버려야 할지가 분명해진다. 1차 관문인 언론을 통과했다면 대중에게도 먹힐 가능성이 높다. 그 제품과 서비스의 기본적인 경쟁력은 검증된 것이다.

기업에서 홍보나 마케팅을 담당한다면 보도자료 쓰기에 익숙해져야 한다. 보도자료는 기업이 대중을 향해 전달하고 싶은 메시지의 집약체다. 핵심 카피부터 강조해야 할 부분까지 메시지의 중요 내용을 일목요연하게 한 장으로 정리할 수 있다. 신상품이나 서비스를 출시할 때 가장 먼저 보도자료를 쓰는 버릇을 들이자.

보도자료를 메시지의 기본형으로 삼으면 일하기가 편하다. 보도자료를 토대로 블로그, SNS, 홈페이지, 제품 판매 페이지까지 플랫폼에 맞게 조금씩 변형해서 사용할 수 있다. 플랫폼에 따라 강조해야 할 내용과 말투만 조금씩 변형해서 쓰면 된다. 이렇게 하면 메시지 관리가 수월해진다.

또 한 가지 좋은 점이 있다. 기업이 운영하는 모든 채널에서 일관된 메시지를 전달할 수 있다는 점이다. 마케팅을 한다면 보도자료는 필수적으로 친해져야 할 존재다.

'야마'를 잡아라

기자들이 늘 입에 달고 다니는 말이 있다. '야마'를 잡아야 한다는 거다. 야마가 뭘까? 아직 언론계에서 청산되지 못한 일본어의 잔재다. 일본어로 야마는 '산山'을 뜻한다. 우리나라로 건너오며 본래의 뜻은 흐려졌다. 정확히 우리말로 번역할 수 있는 말은 없다. 그저 문맥 속에서 그 뜻을 유추할 뿐이다.

기자들이 얘기하는 야마는 대략 이런 뜻이라고 할 수 있다. '사건이나 현상의 핵심 내용과 이를 바라보는 관점.' 여기서 '관점'이 중요하다. 기사는 원래 사건의 핵심 내용을 다루어야 한다. 그런데 그 사건을 어떤 '관점'으로 바라보느냐가 더해진 게 야마다. 야마를 어떻게 잡느냐에 따라 기사의 내용이 완전히 달라진다.

개가 사람을 문 사건이 있다고 치자. 개가 사람을 무는 건 비일비재하게 일어나는 일이니 뉴스거리가 안 된다. 그런데 이 사건을 접한 기자 A가 이렇게 야마를 잡는다. "입마개 안 한 대형견, 지나가던 행인 물어 중태." 이러면 이 사건은 기사가 된다. '대형견 입마개 의무화 논란'이라는 사회적 논쟁을 이 사건에 끌어들일 수 있다. 야마를 이렇게 잡으면 이 사건의 가장 큰 책임자는 대형견에게 입마개를 안 씌운 견주가 된다.

또 다른 기자 B는 이렇게 야마를 잡았다. "개가 사람 물어 중태인데… 신고받은 경찰 30분이 지나도록 출동 미뤄." 이러면 이 사건의 가장 큰 책임자는 신고를 받고도 출동을 미룬 경찰이 된다. 이것 역시 기사거리가 된다. 동일한 현상에 어떤 관점을 더해 전달하는지, 그래서 어떻게 기사거리를 만드는지, 이것을 결정하는 게 바로 야마다.

마케터도 마찬가지다. 보도자료를 쓸 때는 기자의 관점에서 써야 한다. 기자가 야마를 고민하는 건 더 많이 읽히는 '섹시한' 기사를 쓰기 위해서다. 그렇다면 우리도 기자가 혹할만한 야마를 잡아야 한다.

2021년에 회사의 주력 상품인 3개짜리 티셔츠 묶음의 가격을 19,900원에서 14,900원으로 인하했다. 이걸 보도자료로 쓰자니 난감하다. 세상에 귀가 솔깃한 세일 정보가 얼마나 많은데. '티셔츠 가격 5,000원 인하'는 아무도 기사로 안 받아준다. 예전 데이터를 뒤지다가 2012년에 이 티셔츠 묶음을 14,900원에 팔았다는 사실을 발견했다. 그럼 야마를 잡을 수 있다. 이렇게 나온 보도자료의 제목은 "스테디셀러 티셔츠 '3팩' 9년 전 가격 그대로"다. 세일은 많지만 9년 전 가격으로 파는 건 많지 않다. 이러면 기사가 된다. 보도자료를 쓸 땐 내가 기자라고 생각하고 야마를 잡아야 한다.

야마를 위해 때로는 중요한 것보다 흥미로운 것을 내세워야 할 때도 있다. 기사화되는 게 우선이어서다. 사회 현상이나 핫이슈와 관련된 키워드는 기사화될 가능성이 높다. 클릭이 잘 되기 때문이다.

〈오징어 게임〉이 한창 인기를 끌던 2021년 11월 CU는 "오징어 게임 열풍에⋯ CU, 말레이서 '광속 확장'"이란 제목의 보도자료를 냈다. 몇십 개 매장 오픈이 하루 이틀에 결정되는 게 아닐 것이다. 아마도 〈오징어 게임〉 열풍보다 더 중요한 핵심 요인이 있었을 것이다. 그럼에도 '오징어 게임 열풍'을 제목에 썼다. 채택되는 보도자료를 만들기 위해서다. 나에게 중요한 것만 부각하다 보면 기사 가치가 떨어질 수도 있다. 기자 입장에서 야마를 잡아보자.

역피라미드 방식으로 구성하라

보도자료를 작성하는 기본 원칙은 실용 글쓰기 원칙과 동일하다. 기자가 아무것도 모른다는 것을 전제로 쓴다. 전문용어는 풀어 쓰거나 설명을 달아준다. 길이는 가급적 한 장을 넘지 않도록 한다. 글의 길이뿐 아니라 문장도 짧게 쓴다. 기자들은 단문을 좋아한다. 기사화할 때 글에 손을 많이 대지 않도록 기자처럼 단문으로 쓴다. 보도자료에선 사진도 좋은 정보다. 보도자료를 뒷받침할 수 있는 사진이 있다면 2~3장 첨부한다.

보도자료의 생명은 제목이다. 제목은 보도자료의 내용을 함축적으로 담고 있어야 한다. 그러면서도 흥미를 끌 수 있어야 한다. 제목만큼은 자극적으로 작성해도 좋다. 하루에 100통 이상 메일이 몰려드는 기자의 메일함에서 3초 안에 눈에 띌 수 있도록 작성해야 한다. 보도자료의 제목을 '보도자료'라고 적는 것만큼 바보 같은 짓은 없다. 중앙에 큰 글씨로 제목을 쓰고 '보도자료'라는 글씨는 왼쪽 상단에 작게 적으면 된다. 이메일로 보도자료를 발송할 때도 마찬가지다. 이메일 제목을 '○○○기업의 보도자료입니다'라고 적는다면 선택될 확률은 제로에 가깝다. 이메일의 제목도 보도자료 제목과 동일하게 작성한다.

부제목은 때에 따라 작성하기도, 작성하지 않기도 한다. 작성하는 게 빠르게 내용을 파악하는 데 도움이 된다. 부제목은 보도자료의 전체 내용에서 중요한 것, 부각하고 싶은 것을 2~4줄 정도로 작성한다. 본문을 읽지 않고도 보도자료의 전체 내용을 파악할 수 있도록 한다.

본문은 중요한 순서대로 앞에 배치한다. 역피라미드형이라고 한다. 꼭 알아야 할 내용부터 앞에 넣는다. 첫 문단을 리드Lead라고 한다. 리드에는 보도자료 전체 내용을 함축해서 적는다. 보디Body에서는 중요도 순서대로 리드의 내용을 풀어간다. 리드에 '신제품을 출시했다'라고 적었다면 보디에는 신제품의 사양, 가격, 성능 등을 적는 식이다. 그 다음에는 세부적으로 더 알아야 할 내용을 쓴다. 신제품 출시 배경, 출시 기념 행사를 개최한다면 행사 안내 등으로 채운다. 마무리는 인용구를 넣는다. 인용구는 보디에서 작성하지 못한 다짐, 소감, 미래 계획 등을 관계자 코멘트 형식으로 작성한다. 추가로 더 알아야 할 정보가 있다면 따로 보도자료 하단에 쓴다. 홈페이지 주소, 회사 소개, 기자가 궁금해할만한 내용에 대한 Q&A 등이다.

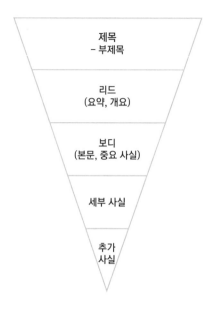

(제목)

베이직하우스, 스테디셀러 티셔츠 '3팩' 9년 전 가격 그대로

(부제목)

- 국민 2명 중 1명은 입어본 국민 티셔츠 '3팩', 품질은 높이고 가격 은 9년 전으로

- 25% 인하돼 3장에 1만 4,900원, 1장에 5,000원 꼴

- 오프라인에서 온라인 전용 브랜드로 전환하며 유통비용 절감되

자 가격 인하 단행

(리드)

2021년 02월 03일 - TBH글로벌이 전개하는 토종 캐주얼 브랜드 베이직하우스가 순면 라운드 반팔 티셔츠 3장으로 구성된 스테디셀러, '3PACK(3팩)'을 9년 전 가격으로 판매한다.

(보디)

'3팩'은 누적 판매량 850만 세트, 낱장으로 2,550만 장을 기록한 스테디셀러다. 베이직하우스는 2020년 온라인 브랜드로 전환하며 오프라인 환경에서 발생했던 유통 비용이 절감되자 기존 1만 9,900원에 판매하던 3팩을 25% 할인된 1만 4,900원으로 대폭 인하했다.

가격은 낮췄지만 제품 퀄리티는 업그레이드했다. 누적된 판매 데이터를 바탕으로 최적의 핏과 착용감을 선사할 수 있도록 개선을 거듭했다. 베이직하우스의 노하우와 기술력, 봉제 기법, 원단 소싱력이 압축된 제품이다.

흡수성과 통기성이 좋은 고품질의 순면 100%를 사용해 쉽게 변색되지 않으며, 잦은 세탁에도 줄어들거나 옆선 틀어짐 등의 형태 변형이 적은 것이 특징이다. 착용 시 목 라벨이 피부에 닿는 거슬림이 없도록 프린트로 대체했으며, 넥라인부터 어깨선 안쪽까지 늘어

남을 방지하기 위한 바인딩 처리로 오랫동안 깔끔하게 착용할 수 있다.

(세부 사실)

베이직하우스는 3팩 티셔츠를 시작으로 프리미엄 퀄리티의 제품을 온라인에서 합리적인 가격으로 선보이기 위한 공격적인 마케팅을 진행할 예정이다. MZ세대를 타깃으로 기존의 3팩 티셔츠보다 도톰한 루즈핏의 '헤비웨이트 3팩 티셔츠'와 코튼계의 캐시미어로 불리는 수피마 원단을 사용한 티셔츠를 2팩 세트로 새롭게 선보일 계획이다.

(인용구)

베이직하우스 관계자는 "온라인 전용 브랜드로 전환하면서 유통 과정에서 발생했던 비용을 줄이고 고객분들께 9년 전 가격으로 선보일 수 있게 돼 기쁘다"며, "품질은 높이고 가격을 낮춘 가성비 전략으로 온라인 마켓의 베이직 아이템 시장에서 빠르게 경쟁력을 확보할 계획"이라고 밝혔다.

(추가 사실)

웹사이트: https://tbhshop.co.kr/basichouse

사회 현상이나 트렌드와 결부시키면 기사가 커질 수 있다. 2020년 9월, 발열 내의와 불닭볶음면의 콜라보레이션 제품을 출시하고 보도자료를 배포했다. 이 내용은 당시 유행이었던 패션과 식품의 콜라보레이션 트렌드를 다룬 꽤 큰 기사가 됐다. 진로와 커버낫, 매일유업과 본챔스 등 여러 사례와 함께 보도자료의 내용이 다뤄졌다.

이렇게 기자가 여러 보도자료에서 포착한 트렌드를 잡아 하나의 기사로 써주는 경우가 있다. 기다리지만 말고 보도자료를 이런 식으로 작성하는 방법도 가능하다. 우리 회사 이야기만 하지 말고, 업계 동향이나 트렌드를 같이 넣어주는 것이다. 그러면 단순 홍보가 아니라 사회적인 흐름을 다루는 기획 기사가 된다. 기자와 대중의 흥미를 끌 가능성이 높아지고, 기사가 커진다.

2

광고와
판매를 위한
글쓰기

온라인 판매 시대, 글쓰기가 더 중요한 이유

2021년 우리나라의 연간 온라인 쇼핑 거래액이 약 193조 원으로 사상 최고치를 기록했다.[14] 이제 무엇을 팔든 온라인 판매를 염두에 두어야 한다. 소비자들은 이제 거의 모든 것을 온라인으로 산다. 오프라인에서 구입하더라도 온라인에서 정보를 파악하고 가격을 비교하는 과정을 거친다. 오프라인에선 직접 상품을 만져보고 경우에 따라선 써보고 구입할 수 있다. 온라인에선 모든 정보를 이미지와 글로 설명해야 한다. 고객과의 커뮤니케이션이 모두 글쓰기로 이루어진다. 고객을 불러들이는 것에서부터 구매 버튼을 누르는 순간까지, 모두 글이 개입한다. 온라인 판매에서 글쓰기가 더욱 중요한 이유다.

온라인에서 판매 과정은 노출 – 유입 – 설득 – 구매로 이루어진다. 광고, 또는 검색을 통해 고객이 제품을 처음 발견하는 순간이 노출이다. 노출의 순간에 혹하는 부분이 있다면 고객은 상품 페이지나 블로그, 홈페이지로 이동해 좀 더 자세한 정보를 알아본다. 이 단계가 유입이다. 유입된 고객이 상품의 정보를 충분히 검토하고 결정할 수 있도록 판매자는 미리 충실하게 정보를 작성해두어야 한다. 이 정보가 그럴듯하고 신뢰할 수 있으면 고객을 설득할 수 있다. 설득된 고객이 구매 버튼을 눌러 구입을 완료하면 온라인 마케팅의 1차적인 과정이 완결된다.

판매를 위한 글쓰기는 가장 목적성이 큰 글쓰기 중 하나다. 매출이라는 명확한 목적이 있다. 직접적인 효과 측정이 어려운 다른 글쓰기와 달리, 목적 달성 여부도 확실하게 드러난다. 따라서 치열한 연구를 통해 개발된 글쓰기 방법이 정해져 있다. 특히 미국은 수십 년 전부터 DMDirect Mail이라고 부르는 우편물을 통한 세일즈가 일반화되어 있다.

DM은 장문의 글을 기반으로 한다. 판매를 위한 글쓰기 방법론은 통상 DM의 글쓰기 패턴을 따른다. PSProblem-Solution 패턴이 대표적이다. 문제를 제기하고 그것을 해결하는 방법으로 제품을 제안하는 것이다. 세분화하면 '문제제기 – 해결책 제시 – 입증과 약속 – 가격과 혜택 – 행동 요구'로 나뉜다. 오랜 시간 사용되며 검증을 거쳐 발전한 효과적인 글쓰기 방법이다. 노출에서 유입, 설득을 거쳐 구매로 이르는 고객의 구매 여정을 따라가며 위 패턴을 적용한다. 이 패턴에 맞춰 쓸 내용을 한 줄로 요약한 다음 살을 붙이며 글을 쓰면 판매를 위한 글이 완성된다.

문제 제기 : 여름철 땀 냄새 때문에 고민 많으시죠?

해결책 제시 : 다잡아 미스트가 땀 냄새 걱정을 해결해드립니다

입증과 약속 : 피부자극 테스트 완료, 체취 방지 효과 12시간 지속

가격과 혜택 : 선착순 100명에게 2병 구입 시 추가 1병 증정

행동 요구 : 지금 바로 구매하세요!

구체적으로 타깃을 정하고
선택을 받아라

노출 단계는 고객과 판매자가 만나는 첫 번째 순간이다. 광고나 검색 결과가 대표적이다. 아무리 매력적인 상품이라고 해도 노출의 순간 고객에게 선택받지 못하면 소용이 없다. 고객의 선택은 순간적으로 이뤄진다. 그 짧은 시간에 고객의 눈을 사로잡지 못하면 그 고객을 다시 만날 가능성은 거의 없다. 노출에 쓰이는 제목이나 광고 카피의 가장 큰 역할은 고객의 선택을 받아 본문으로 이끄는 것이다.

첫 만남의 순간에 고객의 눈을 사로잡으려면 먼저 타깃을 선정해야 한다. 최대한 구체적으로 잡는다. '땀 냄새 때문에 대중교통 타기가 두려운 30대 남성' 같은 식이다. 타깃 입장에서 그의 문제와 필요를 구체화한다. 그의 고민이나 특징, 상황, 이름을 콕 집어 고객을 부른다. 이 상품이 자신과 관련이 있다는 것을 인지하도록 한다.

땀 냄새 때문에 대중교통 타기가 두려우세요?
30대 박 과장, 땀 냄새 탈출하고 자신 있게 만원버스 타는 비결은?

타깃을 구체적으로 잡는 것을 겁내지 말자. 사람의 고민은 비슷비슷하다. 정도의 차이는 있지만 성인 남성이라면 대부분 여름철 땀 냄새에 대한 걱정을 한다. 또한 고민이 절박할수록 메시지에 반응할 가능성이 높다. 두루뭉술한 표현을 사용해 100명이 읽고 1명만 반응하는 것보다 뾰족한 메시지를 30명에게 전달해 3명이 반응하는 게 낫다. 구체적인 타깃을 여러 가지 만들어 각각의 타깃에 꼭 맞는 메시지를 여러 가지 작성하는 방법도 있다. 큰 돈 들이지 않고 각각의 타깃에게 맞춤 메시지를 전달할 수 있는 게 온라인 마케팅의 장점 중 하나다.

문제와 경험을
상기시켜라

<u>여름철 땀 냄새 때문에 고민 많으시죠?</u>

노출된 메시지를 보고 혹한 고객이 우리의 블로그나 상세 페이지로 유입된 상태다. 개요를 잡을 때 한 줄로 요약한 내용을 구체적으로 풀어쓴다. 먼저 고객의 문제를 다시 한번 언급한다. 여름철 땀 냄새에 대한 구체적인 묘사나 그로 인한 곤혹스러운 경험을 상기시킨다. 올해 여름은 폭염이 예상된다는 기상청의 예보 같은 것을 곁들여도 효과적일 것이다.

기상청에 따르면, 올해는 2018년에 버금가는 폭염이 예상된다고 합니다. 35도에 육박하는 더위가 오면 땀을 많이 흘리게 되는데요. 특히 야외 활동이 많거나 대중교통으로 출퇴근을 하는 직장인들은 걱정부터 앞서게 됩니다. 땀이 날 뿐만 아니라 마르면서 옷에 땀 냄새가 배 시큼한 냄새가 나기 때문이죠. 주변 사람들에게 불쾌감을 주고, 심한 경우에는 사회생활에도 불편을 초래하게 됩니다.

해결을 약속하라

1_해결책 제시

<u>다잡아 미스트가 땀 냄새 걱정을 해결해드립니다</u>

해결책을 제시하는 단계에서는 문제에 대한 해결책을 제시한다. 제품이 어떻게 고객의 문제를 해결할 수 있는지 설명한다. 이때 필요한 게 충분한 팩트다. 무조건 주장하는 게 아니다. 팩트를 하나하나 거론하며 믿음을 준다.

다잡아 미스트에는 L-멘톨 성분이 함유되어 있습니다. 이 성분들은 뿌리는 순간 피부 표면의 온도를 낮춰 땀 배출을 최소화합니다. 또한 알로에 베라 성분과 프로폴리스 추출물이 냄새 배출을 억제하는 역할을 합니다. 냄새를 향으로 가리는 것이 아니라 땀이 식어서 나는 시큼한 냄새를 원천적으로 없애줍니다. 거기다 상큼한 자몽향이 잔향으로 남아 상쾌한 느낌까지 줍니다. 사용법도 간단합니다. 하루 한 번, 샤워 후 몸에 골고루 뿌려주기만 하면 됩니다.

2_입증과 약속

피부자극 테스트 완료, 체취 방지 효과 12시간 지속

이 단계에서는 해결책으로 제시한 사항에 대한 근거를 입증한다. 통상 정부공인기관의 시험성적서나 연구기관의 논문 등을 제시해 신뢰감을 준다.

다잡아 미스트는 식품의약품안전처에서 실시한 피부 자극 테스트를 완료하고 합격 판단을 받았습니다. 민감한 피부에도 안심하고 사용할 수 있습니다. 또한 인체 실험을 통해 뿌리기 전 37도였던 피부 표면 온도가 미스트를 뿌린 후 28도까지 즉각적으로 떨어지는 것을 확인했습니다.

공신력 있는 기관의 연구 결과나 실험 효과보다 더 강력한 건 실제 사례다. 고객의 실사용 후기를 구체적인 팩트와 함께 제시할 수 있다면 실험 결과보다 더 큰 신뢰를 얻을 수 있다.

다잡아 미스트를 실제로 사용한 37세 ○○○ 씨는 땀 냄새 방지 효과가 12시간 동안 지속되는 것을 확인했습니다. "저는 원래 땀 냄새가 굉장히 심했는데요. 퇴근해서 집에 들어서면 아내가 눈살을 찌푸리며 바로 욕실에 가서 샤워를 하라고 했습니다. 그런데 다잡아 미스트를 뿌린 후부터 그런 일이 없어졌습니다. 심지어 좋은 냄새가 난다고 하더라고요. 이제 퇴근 후 집에 도착하면 현관 앞에서 아내와 포옹을 하곤 합니다."

약속은 입증과 조금 다른 뜻이다. 입증은 객관적인 제3자의 공식적인 자료, 또는 사례를 제시하는 것이다. 약속은 판매자가 뭔가를 보장하는 것이다. 불만족 시 100% 환불, 또는 입증 근거가 거짓일 경우 10배로 보상하겠다는 것 등이다. 판매자의 약속은 제품에 대한 자신감을 드러낸다. 이러한 약속 또한 고객이 품질을 신뢰하는 근거가 된다.

다잡아 미스트를 뿌리고도 땀 냄새가 없어지지 않는다면 100% 환불을 약속합니다.

3_가격과 혜택

선착순 100명에게 2병 구입 시 추가 1병 증정

가격과 혜택 제시는 구매 의향을 만드는 역할을 한다. 입증과 약속 단계까지 고객은 구매에 대한 판단을 보류하고 있는 상태다. 가격과 혜택을 제시하면 고객은 구체적으로 구매를 고려하게 된다. 이 단계에서 글을 읽고 있는 본래의 목적을 다시 한번 떠올리게 된다. 구매를 의도하고 글을 읽기 시작한 것은 아니더라도, 혜택을 보고 구매 쪽으로 마음이 기울 수 있다.

다잡아 미스트는 주문 폭주로 인해 18차 리오더 생산을 하고 있습니다. 오래 기다려주신 고객님을 위해 특별 이벤트를 진행합니다. 8월 1일부터 구매하시는 고객들께는 선착순 100분에 한해 2병 구입 시 추가로 1병을 증정합니다.

행동을 요구하라

지금 바로 구매하세요!

판매를 위한 글에서 행동 요구는 중요하다. 너무 노골적이고 속 보이는 것 같다는 이유로 힘들여 작성한 글에 막상 행동 요구를 빼먹는 경우를 종종 볼 수 있다. '이 정도 얘기했으면 알아들었겠지' 하고 소홀히 여기는 수도 있다. 사람들은 결정을 미루고 싶어 한다. 판매자가 구매를 요구하지 않는다면 구매 의향이 있더라도 미루게 될 가능성이 있다. 반면, 구매에 대한 결심이 확고하지 않더라도 강력한 구매 요구가 있다면 행동할 가능성이 높아진다. 마감 임박, 주문 폭주와 같은 선언 방법을 이용해 고객이 조급함을 느낀다면 더 효과적이다.

이번 리오더를 마지막으로 올해는 추가 생산 계획이 없습니다. 지금 구매하지 않으면 내년까지 기다려야 할지도 모릅니다. 지금 바로 구매하세요!

3

블로그와
SNS 글쓰기

돈 쓰지 않고
광고하는 법

많은 기업과 브랜드에서 블로그와 SNS를 운영한다. 개인 차원이 아니라 마케팅을 위해 블로그와 SNS를 운영하는 목적은 돈 들이지 않고 광고를 하는 것이다. 블로그와 SNS를 잘 운영하면 돈 들인 광고보다 더 큰 효과를 거둬들일 수도 있다. 그래서 온라인 마케팅 분야에 종사하는 마케터라면 블로그나 SNS 운영 업무를 함께 담당하는 경우가 많다.

많은 마케터가 글쓰기에 부담을 느끼는 부분이 바로 블로그와 SNS다. 우선 정기적으로 글을 써야 하기 때문에 양적으로 부담이다. 좋아요나 댓글 같은 지표로 곧장 독자의 반응을 확인할 수 있기 때문에 글의 질도 신경 써야 한다. '꾸준히', '양질의 글'을 올려야 한다는 두 가지 요소가 블로그와 SNS 글쓰기를 어렵게 만든다.

블로그와 SNS에 양질의 글을 꾸준히 올려야 하는 이유가 무엇일까? 블로그와 SNS를 운영하는 본질적인 목적은 우리의 제품과 서비스를 알리기 위함이다. 그러면 '그냥 광고만 올려도 되지 않을까?' 하는 생각이 들기도 한다. 블로그와 SNS를 잘 운영하기 위해서는 그 속성에 대한 이해가 필요하다. 그렇지 않으면 목적 없이 무의미한 글을 올리게 된다. 마케팅을 위해 운영하는 블로그와 SNS의 가장 큰 속성은 '미디어'라는 점이다. 내가 만든 미디어를 잘 운영하고 거기서 광고를 하는 게 블로그와 SNS를 운영하는 본질이다.

신문이라는 미디어와 비교해보면 이해가 쉽다. 신문은 정보를 전달한다. 신문도 정치·경제·사회적으로 특정한 편향 또는 주장하는 바가 있다. 그렇지만 그런 편향을 드러내는 지면은 극히 적은 비중을 차지한다. 대부분의 지면을 독자가 궁금해하는 정보 전달에 할애한다. 많은 독자를 확보하기 위해선 표면적으로라도 여러 가지 목소리를 골고루 담아야 하기 때문이다. 그러면서 자연히 공정성과 객관성을 확보하게 된다. 자신의 주장을 최소화하고 독자를 위한 콘텐츠에 집중함으로써 생긴 결과다.

또한 신문은 매일 발행된다. 꽤 많은 정보를 매일 전달할 수 있다는 것은 그 자체로 미디어의 실력을 증명한다. 소비자가 원하는 정보를 정기적으로 전달함으로써 신문은 대중의 신뢰를 확보하게 된다. 그러니까 신문이라는 미디어를 미디어답게 만들어주는 요소는 두 가지라고 할 수 있다. 첫 번째는 정보를 전달한다는 것이고, 두 번째는 정기적으로 발행된다는 것이다.

　블로그와 SNS가 갖춰야 할 요소도 신문과 동일하다. ① 독자가 원하는 새로운 정보를 ② 정기적으로 전달해야 한다. 그래야 미디어로서 신뢰를 확보할 수 있다. 신뢰가 있어야 독자가 모이고 관심을 준다. 우리가 전달하는 정보에 대한 기대감을 가진 독자가 존재해야 미디어로서 존재할 가치가 있다. 독자가 없는데 거기에 광고를 하고 제품 소개를 올려봐야 소용이 없다. 우리가 운영하는 미디어를 신뢰하는 독자가 있어야 광고도 효력을 발휘할 수 있다. 그리고 신뢰를 가진 고객에게 하는 광고는 더욱 강력한 효과를 가져온다. 그러기 위해서는 우선 블로그와 SNS를 미디어답게 운영해야 한다.

블로그 글쓰기

Blog

블로그는 사람들이 정보를 얻을 때 가장 신뢰하는 미디어 중 하나다. 일반적으로 블로그 포스팅은 광고라고 생각하지 않기 때문이다. 그래서 블로그는 정보 전달에 중점을 두고 운영해야 한다. 소비자가 우리의 제품이나 서비스와 관련된 정보, 또는 우리 제품이 아니라도 그 제품군에 대한 정보가 궁금해서 검색했을 때 잘 정리된 정보를 찾을 수 있도록 준비해야 한다. 예를 들어 쌍꺼풀 수술에 대한 정보를 검색한다면 눈 모양에 따른 쌍꺼풀 수술의 종류, 각 수술의 장점과 단점, 수술 전에 준비할 사항, 수술 후 회복 기간, 부작용 등에 대한 정보를 제공해야 한다.

블로그에서 소비자가 원하는 정보를 일목요연하게 제공한다면 우리의 판매 페이지나 홈페이지로 유입될 가능성이 높아진다. 그렇게 자연스러운 과정을 거쳐 우리에게 도달한 소비자는 광고로 유입된 소비자보다 거부감이 낮다. 이어지는 판매 메시지도 수용할 가능성이 높아진다. 이런 효과를 노리고 운영하는 게 바로 블로그다.

1_지속적으로 올릴 수 있는 양질의 콘텐츠

블로그를 미디어답게 운영하기 위해 가장 중요한 것은 양질의 콘텐츠다. 양질의 콘텐츠를 지속적으로 업로드해야 한다. 정기적으로 정보를 제공하기 위해서는 장기적인 계획을 세워 콘텐츠를 준비해야 한다. 한 달 열심히 올리다가 3개월 동안 뜸한 블로그는 미디어로서의 신뢰도가 떨어진다. 일주일 간격이라도 정보가 꾸준히 제공되는 블로그라는 인상을 주는 것이 중요하다.

꾸준히 정보를 올리기 위해서는 전문성이 있는 분야에 대한 포스팅을 하는 게 좋다. 식품이라면 요리법이나 건강, 식품 보관법, 식재료 고르는 법 등에 대한 주제를 다룰 수 있을 것이다. 의류라면 코디법, 옷감에 따른 관리 방법, 세탁법, 옷장 정리 방법, 컬러 매칭, 최근 패션 트렌드 등이 해당될 것이다. 전문적인 정보가 꾸준히 업로드되는 블로그에 독자는 호감과 신뢰를 갖게 된다.

정보를 전달할 때 주의해야 할 점은 제품을 의도적으로 주제와 연결시켜 무리하게 광고하지 않는 것이다. 기본적으로 블로그를 찾아 읽는 독자는 관심 있는 분야에 대한 정보를 얻고자 한다. 독자에게 충실한 정보를 제공하고 그 대가로 독자의 신뢰를 얻는 게 블로그다. 광고를 해야 할 때는 광고를 위한 포스팅을 따로 작성해서 업로드하면 된다. 정보를 제공하는 포스팅은 정보 전달이라는 목적에 충실하게 작성한다. 정보 전달을 위한 포스팅에서 노골적으로 제품을 홍보하려는 목적이 드러나면 독자는 이를 광고로 인식하고 떠나버리게 된다.

2_적절한 분량

일반적인 온라인 환경에서 독자들은 짧은 글을 선호한다. 그런데 블로그는 조금 다른 측면이 있다. 충실하게 정보를 전달하는 목적이 우선이다. 독자 역시 조금 길더라도 자세한 정보를 얻으려는 목적으로 블로그를 방문한다. 글이 너무 짧으면 무성의한 느낌을 받을 수도 있다. 블로그에 쓰는 글은 적당히 긴 것이 전문성을 인정받는 데 유리하다.

글의 길이는 스크롤 10회 이내에 읽을 수 있는 분량이 적당하다. 시간으로 따지면 3분에서 5분 사이다. 글자 수로 따지면 공백을 제외하고 2,500자 이내다. 글자 크기 10포인트를 기준으로 A4 용지 한 장 반 분량을 넘지 않도록 쓴다. 자세한 정보를 전달하려다 보면 길이가 너무 길어지는 수가 있다. 짧게 줄여 쓸 수 없다면 시리즈 형식으로 나누어 1편, 2편, 3편…… 이렇게 연재하는 방법도 있다. 블로그 안에서 연결된 글에 서로 링크를 달아 이동하게 하면 독자의 체류시간이 길어지는 장점이 생긴다. 글 하나를 너무 길게 쓰기보다는 적정 분량으로 여러 개 준비하는 것이 좋다.

3_어울리는 이미지

포털은 이미지가 2~3개 정도 포함된 블로그 포스팅을 좋은 콘텐츠로 판단한다. 꼭 상위 노출 때문이 아니더라도 블로그에 글을 쓸 때 이미지를 잘 활용하면 좀 더 효과적으로 메시지를 전달할 수 있다. 블로그 글은 온라인 환경에서 긴 편에 속한다. 텍스트만 나열하면 독자가 지친다. 이해를 돕는 적절한 이미지는 글에 집중할 수 있도록 도와주는 역할을 한다.

그렇다고 이미지를 너무 많이 사용하는 것은 지양해야 한다. 최근 블로그 포스팅의 경향은 사진을 과도하게 쓰는 것이다. 글 한 줄에 사진 한 장, 이런 식으로 수십 장의 사진을 올리기도 한다. 데이터량이 많아져 상위 검색에는 좀 더 유리할지 몰라도 정보 전달의 측면에서는 의도한 효과를 내기 어렵다. 글이 연속성

없이 툭툭 끊어져 가독성이 떨어진다.

좋은 사진 하나는 글 열 줄을 대신하는 효과를 내기도 한다. 아무리 음식 맛을 잘 묘사하더라도 불판 위 노릇노릇하게 잘 구워진 삼겹살 사진을 대신하기는 어렵다. 글쓰기에 자신이 없다면 사진은 반가운 존재다. 글로 쓰기 어려운 미묘한 표현을 이미지로 대체할 수 있다. 적절한 이미지는 글의 매력을 높여주고 글의 단점을 가려주기도 하는 고마운 존재다.

4_검색 최적화

많은 사람이 정보를 검색할 때 특정 단어를 사용한다. 따라서 블로그 제목도 사람들이 많이 사용하는 특정 단어를 넣어 만들어야 한다. 강남역에서 음식점을 찾는다면 '강남역 맛집' 같은 키워드를 사용하는 식이다.

그런데 '강남역 맛집'은 너무 많은 사람들이 사용하고 검색 결과량도 많은 검색어다. 모바일 기준으로 월간 검색량이 19만 건이 넘는다. 이렇게 경쟁이 심한 키워드는 아무리 제목에 키워드를 잘 넣어도 검색 결과에서 상위에 노출되기 어렵다. 만약 작성하려고 하는 포스팅이 강남역에 위치한 삼겹살집에 대한 것이고, 그 삼겹살집은 매장이 크고 좌석이 넓어서 회식 장소로 좋은 조건이라고 치자. 그러면 '강남역 회식'이나 '강남역 삼겹살' 같은 검색어를 고려할 수 있다. 각각 모바일 기준으로 월간 검색량이 2,000여 건, 7,800여 건으로 비교적 경쟁 강도가 낮은 편이다.

상품 판매를 위한 제목을 작성할 때와 마찬가지로 타깃을 좁혀 본다. '강남역 맛집'이라는 광범위한 키워드를 사용하면 100명에게 노출되더라도 읽는 사람은 한 명에 그칠 수 있다. 그보다 좀 더 목적성이 강한 '강남역 회식'이나 '강남역 삼겹살' 같은 키워드를 사용해 30명에게만 노출되더라도 3명이 클릭하는 것이 더 낫다. 이렇게 키워드의 검색량과 경쟁 강도를 확인하는 방법은 간단하다. '네이버 광고' 페이지에서 '키워드 도구' 메뉴를 확인하면 된다. 알아보고 싶은 키워드를 검색하면 연관 키워드가 함께 제공된다. 키워드별 검색량과 클릭률, 경쟁 강도를 확인할 수 있어 적절한 키워드를 선정하는 데 활용할 수 있다.

이 키워드를 사용해 블로그 제목을 만든다면 '강남역에서 회식하기 좋은 삼겹살 맛집', '강남역 삼겹살 맛집 ○○○, 회식에도 딱!' 정도가 될 것이다. 제목에 사용된 '강남역', '삼겹살', '회식', '맛집'이라는 키워드는 본문에도 여러 번 반복해서 삽입해야 한다. 이렇게 해서 내가 쓴 글이 검색 상위권에 포함되어야 한다. 검색 결과 페이지에서 못해도 세 번째 페이지 안에는 들어가야 유의미하다. 그래야 사람들이 내 글을 클릭해서 읽은 후 그 맛집에 찾아갈 가능성이 생기고, 블로그에 글을 쓴 목적을 달성할 수 있다.

SNS 글쓰기

SNS와 블로그는 기업이나 브랜드가 마케팅 목적으로 운영하는 미디어라는 점에서 동일하다. 한편 각 플랫폼의 속성상 차이점도 많다. 블로그는 네이버 같은 포털의 지원으로 강력한 마케팅 효과를 발휘한다. 포털에서 잘 노출되기만 하면 수많은 독자를 유입시킬 수 있다. 한계도 있다. 블로그는 전적으로 포털 검색에 의존해야 한다. 글의 질과 상관없이 검색에 더 적합한 포스팅이 상위 노출된다. 상위 노출된 글 위주로 독자의 선택을 받게 된다. 최근 블로그 마케팅의 경향이 포스팅의 질보다 검색 최적화에 초점이 맞춰지는 것도 그런 이유다.

SNS는 공유를 목적으로 탄생된 플랫폼이다. 내가 만든 콘텐츠가 좋다면 추천과 공유를 통해 무한대로 전파될 수 있는 가능성을 갖고 있다. 전파력 측면에서 블로그보다 강력하다. 내 노력에 따라 독자를 늘릴 수 있는 여지가 크다. 블로그의 가장 큰 목적이 정보 전달이라면, SNS는 호감을 바탕으로 팬과 관계를 맺는 것이 1차적인 목적이다. 좋아요, 공유, 댓글과 같은 기능이 이런 관계 맺기를 뒷받침한다.

또한 비교적 긴 글을 써야 하는 블로그에 비해 SNS는 짧은 글이 선호된다. 따라서 글쓰기에 대한 부담도 줄어든다. 굳이 모든 콘텐츠를 직접 작성하지 않고 타인의 좋은 콘텐츠를 잘 골라서 공유하는 것도 가능하다. 블로그보다 훨씬 적은 노력으로 어쩌면 더 강력한 효과를 얻을 수도 있는 것이 SNS다. 대신 SNS는 단순한 정보 전달을 넘어 독자에게 호감을 얻어내고 그들과 지속적으로 좋은 관계를 유지할 수 있는 방법을 고민해야 한다.

1_정보형 콘텐츠

아무리 짧고 간단하게 작성한다고 해도 SNS 역시 미디어의 성격을 띠고 있다. 브랜드나 기업이 독자에게 제공할 수 있는 가장 좋은 콘텐츠는 전문성이 있는 정보다. 읽을 가치가 있는 정보를 전달해야 독자의 호감도 얻을 수 있다. 다만 정보를 전달하는 방식은 블로그에 비해 훨씬 간단하고 친근해야 한다. 일부러 찾아 읽는 게 아니라 수시로 업데이트되는 피드에서 눈에 띌 수 있게 감각적인 이미지와 눈에 띄는 카피를 잘 사용해야 한다.

정보형 콘텐츠 중 SNS에서 가장 인기 있는 것은 '~하는 법' 같은 노하우 콘텐츠다. 블로그보다 좀 더 간단하면서도 실생활에 바로 적용할 수 있고, 흥미를 불러일으키는 콘텐츠가 잘 먹힌다. 이런 생활밀착형 정보를 전달하면서 브랜드의 제품을 간접적으로 노출하고, 기업의 전문성을 부각해 팬들의 호감을 얻을 수 있다.

- 옷에 묻은 커피 자국 지우는 법
- 벽걸이 에어컨 청소하는 법
- 실패 없는 겨울 코디 색조합 추천

정보를 전달할 때 랭킹을 활용하는 것도 좋은 방법이다. 사람들은 순위 매기기를 좋아한다. 랭킹은 그 자체로 흥미를 끈다. 게다가 눈에 쉽게 띈다는 장점도 있다. 별것 아닌 정보라도 랭킹 형태로 전달하면 오락성이 생긴다. 좋아요와 공유가 좀 더 활발하게 이뤄진다.

매운 음식을 가장 좋아하는 MBTI는?

1위 화끈한 ENFP, 매운 음식에도 가장 도전적!

2위 성격 급한 ESTP, 매운맛 중에서도 닭발을 가장 선호!

3위 땀이 많은 ISTP, 매운 음식 먹으며 스트레스 해소해요

4위 대장이 민감한 INTP, 매운 음식 먹을 때 해산물은 피하세요

제품 관련 콘텐츠는 노하우 정보보다는 호응이 떨어진다. 그러나 호감을 바탕으로 팬들과 신뢰관계가 형성됐다면 블로그에 비해 SNS의 충성도가 높은 편이다. 직접적으로 제품을 태그해 바로 쇼핑몰 등 판매 페이지로 연결하기도 쉽다.

또한 SNS에서는 브랜드나 기업도 친구처럼 느껴지기 때문에 동향을 전하는 콘텐츠도 반응을 얻는다. 행사 개최 소식이나 신제품 출시 준비 과정 등이 그것이다. 이런 뉴스형 콘텐츠를 통해 팬의 관심과 신뢰를 얻을 수 있다.

2_참여형 콘텐츠

SNS는 정보를 전달하는 것만큼이나 독자의 행동을 이끌어내는 것이 중요하다. 독자의 행동은 좋아요, 공유, 댓글 같은 것이다. 참여형 콘텐츠는 콘텐츠 작성의 목적 자체가 독자의 행동을 유도하

는 것이다. 많은 경우 경품 이벤트 등과 함께 진행된다. 퀴즈나 설문, 기대감이나 축하 메시지를 남기면 상품을 주는 방법으로 댓글을 달게 하거나 '@아이디'의 형태로 독자가 지인을 태그하게 하는 방법을 주로 사용한다.

댓글로 나의 MBTI를 남겨주세요!
추첨을 통해 ○○○ 티셔츠를 5분께 드립니다.

○○○의 신제품에 꼭 어울리는 이름을 지어주세요!
가장 많은 좋아요를 받은 분께 ○○○를 드립니다.

이 영화를 같이 보고 싶은 친구를 댓글로 소환해주세요!
추첨을 통해 영화 예매권 2매를 드립니다.

브랜드 SNS의 권유에 따라 한 번 참여한 고객은 그 브랜드와 좀 더 친밀감을 형성하게 된다. 해당 브랜드와 관련된 다른 기회에도 행동을 할 가능성이 높아진다. 이는 궁극적으로 SNS 운영의 최종 목적인 구매로 이끄는 데에도 도움이 된다. 고객이 우리의 SNS에 참여하는 이벤트를 자주 만들어 행동할 수 있는 기회를 지속적으로 제공해야 한다.

4

3초 안에
고객을 사로잡는
제목 짓기

글의 생명은
제목이 결정한다

온라인에서 독자가 글을 읽는 과정을 잠시 생각해본다. 스마트폰으로 포털 앱을 켜고, 검색어를 입력한다. '글쓰기 책 추천' 같은 것이다. 여러 가지 책이 주르륵 뜨고, 그 아래로 글쓰기 책과 관련된 블로그 포스팅이 나열된다. 그 아래에는 글쓰기 책과 관련된 동영상, 연관 검색어 등이 뜬다.

독자는 엄지손가락으로 화면을 쓸어내리면서 클릭할지 말지 순간적으로 판단한다. '글쓰기가 두려운 당신에게 추천하는 책'이라는 포스팅 제목을 보고 클릭해서 본문으로 들어간다. 상단 3줄 정도를 읽다 뒤로 가기를 눌러 목록으로 돌아온다. 다시 엄지손가락으로 화면을 내리며 볼까 말까를 고민한다. 마음에 드는 글을 발견할 때까지 이 과정을 반복한다.

대다수의 사람들이 위와 같은 과정을 거쳐 글을 읽는다. 디지털 환경에서 독자가 읽을지 말지 판단하는 근거는 제목이다. 제목 말고는 독자에게 내 글의 가치를 어필할 수 있는 수단이 없다. 제목을 건너뛰고 본문부터 읽게 할 방법은 거의 없다.

　독자가 글을 읽을지 말지 결정하는 시간도 찰나에 가깝다. 짧으면 1초, 길어도 3초 안에 클릭해야 한다. 3초 안에 제목으로 독자에게 선택받지 못하면 그 독자를 다시 만날 가능성은 없다. 내용과 상관없이 제목이 매력적이지 않다는 이유만으로 그 독자로부터 영원히 버려지는 글이 된다. 디지털 세상에서 글의 생명은 제목이 결정하게 됐다.

　제목은 본문의 내용을 충실하게 반영하고 있어야 한다. 독자가 딱 봤을 때 이 글이 읽을만한 가치가 있다고 느껴야 한다. 충실한 것만으로는 부족하다. 혹하는 요소가 있어야 한다. 독자가 관심 있는 요소를 콕 집거나, 궁금증을 자아내거나, 필요를 자극해야 한다. 관심, 호기심, 필요, 호감 중 하나는 불러일으켜야 한다. 그래서 독자가 기대를 가지고 클릭할 수 있도록 만들어야 한다. 실전 글쓰기에서 제목을 짓는 데 다양한 수단을 동원해야 하는 이유다.

눈길을 끄는
제목의 요건

1_임팩트 있는 단어를 사용하라

기자들이 자주 사용하는 방법이다. '충격', '경악', '단독' 등이 그것이다. 이런 단어를 제목에 사용했는데 막상 본문에 별 내용이 없으면 실망이 커진다. 그렇지만 일정 수준 이상의 클릭을 보장하는 안전한 제목 형태다. 내용에 자신이 있다면 사용해볼 수 있다.

- 957억 득점왕 살라 이적설, 충격
- 드라마 PD 갑질 폭로한 ○○○
- 고객을 위한 호텔 ○○○의 독보적인 서비스

2_타깃의 이름을 불러라

타깃을 좁게 설정한 다음 타깃의 이름을 부른다. 많은 고객에게 어필할 수는 없지만 그 범위에 해당하는 고객은 관심을 보일 가능성이 높다. 좀 더 깊은 관심을 가진 독자를 부를 때 유용한 제목 짓기 방법이다.

- IT 직장인을 위한 효과적인 보고서 작성 노하우
- 경기도 신혼부부 전세자금 대출 쉽게 받는 법!
- 초등 엄마 똑똑하게 학원 고르기

2인칭을 사용하는 것도 이름 부르기 방법이다. '당신'이라는 말이 들어가면 불특정 다수가 아닌 나를 위한 메시지라는 느낌이 든다. 제목을 클릭하거나 메일을 열어볼 가능성이 높아진다.

- 세계시민이라는 자각이 없었던 당신에게
- 잠 못 드는 당신을 위한 플레이리스트
- 당신은 좋은 팀장이 되는 법을 배운 적이 없다

3_질문하라

질문은 독자의 관심을 순간적으로 확 가져올 수 있는 효과적인 수단이다. 매력적인 질문을 만난 독자는 주제에 몰입하게 된다. 본문에서 질문에 대한 답을 구하게 되면 높은 만족감도 얻을 수 있다.

- 우리 집은 왜 새벽배송이 안 되는 걸까?
- 염색 없이 머리를 까맣게 유지할 수 있다고?
- 정말 플랫폼보다 콘텐츠가 중요할까?

4_방법 및 노하우를 공개하라

'~하는 방법'은 많은 사람들이 좋아하는 제목 형태다. 제목에서부터 도움이 될 것이란 기대감을 갖게 한다. 정보나 지식에 대한 욕구를 자극하기도 한다.

- MZ세대와 함께 일하는 방법
- 공유를 유도하는 콘텐츠 제작 9가지 Tip
- 단돈 100만 원으로 소규모 창업하는 법

'방법 및 노하우'에서 조금 더 들어가면 '비결'이나 '비밀', '이유' 같은 제목으로 발전시킬 수 있다. 방법이나 노하우보다 좀 더 강력한 유인 효과를 발휘한다. 그 자체로 임팩트 있는 단어이기 때문에 크게 관심이 없는 독자도 불러들일 수 있다.

- 1억 연봉 세일즈맨의 10가지 비결
- 누리호 발사 성공, 알려지지 않은 3가지 비밀
- 10년 어려 보이는 동안 피부의 진실

'방법 및 노하우'를 반대로 사용하면 '실패하지 않는 방법'으로 활용할 수 있다. 사람들은 누구나 손해에 대한 두려움을 가지고 있다. 이득보다 손해에 더 민감하다. 실패하지 않는 방법을 제목으로 제시하면 좀 더 적극적인 독자를 본문으로 이끌 수 있다.

- 절대 망하지 않는 면접 노하우
- 간장게장 실패하지 않는 방법, 이것 하나만 기억하세요
- 실패하지 않는 웹소설 연재 기술

5_숫자를 사용하라

숫자는 가장 강력한 표현 방법 중 하나다. 숫자는 그 자체로 주목도가 있으므로 꼭 아라비아 숫자로 사용한다. 숫자를 마지막 단위까지 모두 적으면 더욱 구체적이라는 인상을 준다.

- 30일 안에 –3kg 체중감량 보장하는 다이어트 체조
- 3초 안에 사로잡는 SNS 카피라이팅 7가지 법칙
- 7,335명이 선택한 파이썬 강의! 지금 신청하면 10% 할인

6_불안감, 공포를 자극하라

공포 소구는 인간이라면 누구나 가지고 있는 불안감, 공포심, 불확실성을 자극하는 방법이다. 두려움을 느끼면 좀 더 적극적으로 행동할 가능성이 높아진다. 손해나 기회비용 손실도 큰 범주에서 공포 소구로 볼 수 있다.

- 무섭게 치솟는 물가, 민생 대책은 있나?
- 놓치면 30년 후회하는 내 집 마련 더블업 적금
- 모공, 이대로 방치하면 더 넓어지고 처집니다

7_사례를 활용하라

사람들은 남들이 무엇을 하는지 궁금해한다. 실제 사례를 거론하면 높은 관심을 얻을 수 있다. 글의 신뢰도를 빠르게 확보할 수 있는 방법이다.

- 외국계 기업 5곳에 합격한 현직자가 들려주는 외국계 취업의 진실 혹은 거짓
- 판매율 1위 신발 사이트의 구매전환율 향상 UX팁
- 2,000만 원 투자해서 7년 만에 21억 원 만든 ○○○ 씨의 비결

5

'갑'이 있는
글쓰기

보고서 쓰기

보고서와 자기소개서는 대표적으로 구체적인 독자가 있는 비즈니스 글쓰기다. 그리고 글을 쓰는 사람은 선택받아야 하는 사람이다. 글을 읽은 사람이 결재를 하거나 채용을 결정한다. 읽는 사람이 '갑'이고 쓰는 사람이 '을'인 글쓰기다. '갑'의 취향에 맞추어 써야 한다. '갑'의 시각에서 써야 한다. 그의 마음을 사로잡아 결정을 얻어내야 하는 것이 '을'의 글쓰기다. 일하면서 가장 중요한 글쓰기이기도 하다. 내가 어떤 일을 할 수 있을지 없을지, 그리고 그 성공은 결국 '갑'의 결정에 달렸기 때문이다.

직장생활을 하면서 가장 많이 써야 하는 게 보고서다. 수많은 사람이 보고서를 쓰지만 누구나 작성을 어려워한다. 직장인은 대부분 보고서 쓰기를 배운 적이 없다. 보통 팀에서 전해져 내려오는 선배들의 보고서를 토대로 작성한다. 뼈대는 그대로 두고 내용만 바꿔치기하는 경우가 많다. 애초에 보고 대상도, 목적도, 취지도 다른 보고서를 형식만 갖다 썼기 때문에 잘 들어맞지 않는다. 보고서의 본질적인 내용은 사라지고 예산, 기간, 개요 등만 나열되는 보고서가 된다. 많은 경우 보고서를 쓰기 전에 일의 얼개는 결정돼 있기 때문이다. 사전에 구두로 협의가 완료되었고, 보고서나 기안서는 요식 행위에 그치는 것이다.

상황이 이렇다 보니 보고서 쓰기를 잘하면 좋고 아니면 할 수 없는 직장생활의 기술 중 하나로 치부하기도 한다. 보고서의 구멍은 말이나 임기응변으로 메울 수 있다고 생각한다.

보고받는 상사의 입장은 다르다. 상사는 보고서에서 작성자의 업무 능력을 판단한다. 직장에서 하는 일의 대부분은 주어진 상황에 맞는 정보를 발췌하고 편집하여 의견을 만들고 그것을 전달하고 공유해서 목적을 달성하는 것이다. 그것을 총망라한 것이 보고서다. 상사는 보고서에서 작성자의 정보력과 이해력, 분석력, 설득력, 창의력, 전달력을 가늠한다. 글이 그의 비즈니스 경쟁력을 판단하는 잣대가 된다. 보고서는 단순한 글이 아니다. 지적 능력과 사고력, 커뮤니케이션 능력을 그대로 보여주는 직장인의 자기소개서다.

1_보고서, 쓰는 것보다 소통이 우선

보고서는 일을 벌여야 하는 상황에서 주로 작성한다. 마케터는 회사 내에서도 대표적으로 일을 벌이는 직무다. 어떤 일을 시작하기 전에 기획 단계에서 보고서를 작성한다. '왜 이 일을 하는가', '어떻게 이 일을 할 것인가', '이 일을 하기 위해 무엇을 결정해야 하는가'가 중심 내용이 된다. 기획 보고서다.

마케터의 일 중 절반은 기획이다. 그럼에도 기획이란 단어가 들어가면 부담감이 앞선다. 뭔가 독창적이고 새로운 아이디어를 내놔야 할 것 같은 강박이 생긴다. 좀 가볍게 생각해보자. 기획은 계획을 세워보는 것이다. '이 일을 이렇게 해보자'고 제안하는 것이다. 여기저기서 자료를 모아 정리하면 된다. 우리가 쓰는 보고서 중에 참신한 발상이 요구되는 경우는 매우 드물다.

일을 시작하려 할 때 가장 많이 받게 되는 질문은 '왜'다. 일하는 과정이 설득의 연속이어서다. 설득을 하려면 반드시 '왜'라는 질문에 대답해야 한다. 보고서에서도 '왜'가 중요하다. 직장에서 쓰는 보고서에는 비용 집행이 뒤따른다. 보고서로 인해 적게는 수백만 원에서 많게는 수억 원에 이르는 비용을 지출하게 된다. 이 돈을 '왜' 써야 하는지 적절한 답을 제시해야 한다. 보고서를 작성하려고 할 때 시작부터 막히는 이유는 '왜'를 먼저 제시해야 하기 때문이다.

직장에서 신사업을 추진하는 상황을 생각해보자. 아무도 생각지 않았던 신사업을 느닷없이 제안하게 되는 경우는 거의 없다. 어떠한 계기로 인해 신사업에 대한 필요성이 조금씩 제기된다. 상사와의 대화 속에서, 직장 동료들 간의 소문에서 간간이 기류가 감지된다. 미팅이나 회의를 통해 공론화되기도 한다. 그리고 어느 날 신사업 추진에 대한 보고서 작성 지시가 떨어진다. 이 경우 신사업 추진에 대한 필요성과 추진 배경은 어느 정도 공감이 이뤄진 상태다. 보고받는 사람이 그 필요성을 인지하고 있는 상황에서 보고서를 작성하게 된다.

보고받는 사람이 추진 배경과 필요성에 대해 공감하고 있다면 '왜'가 쉬워진다. 새로운 이유를 찾아 헤맬 필요가 없다. 그럼에도 보고서를 작성하려고 하면 '왜'를 찾는 데 집중한다. '왜'를 설명하는 새로운 자료를 찾는 데 많은 시간을 보낸다. 시간 낭비다. 그렇게 애써 찾은 새로운 근거는 대부분 쓸모가 없다. 내가 보고서를 쓸 단계쯤 되면 결정은 다 내려진 상태다. 결정은 이미 되었고, 결정의 근거도 어느 정도 나와 있다. 보고서 작성에 앞선 회의와 상사 또는 클라이언트와의 대화 속에 힌트가 다 들어 있다. 내가 할 일은 둥둥 떠다니는 정보를 모아 잘 정리하고 구체적으로 제시하는 것이다.

기억을 더듬어보자. 나 혼자 열심히 궁리해서 내놓은 참신한 아이디어가 좋지 않은 피드백을 받은 경험이 있을 것이다. 보고서를 요청한 상사나 클라이언트는 이미 답을 머릿속에 갖고 있다. 근거도, 배경도, 결론도 거의 다 정해놓은 상태다. 자기가 생각한 것과 다른 생뚱맞은 답을 가지고 오면 받아들이기 어렵다. '방향이 틀렸다'고 한다.

이런 상황을 피하려면 일단 잘 들어야 한다. 미팅할 때 단어 하나, 뉘앙스 하나까지 세심하게 귀를 열고 힌트를 모은다. 그러고도 아리송하면 물어봐야 한다. 왜 작성하는지, 얼마나 중요한지, 누구한테까지 보고되는 자료인지, 언제까지 해야 하는지, 어느 정도 완성도를 원하는지 하나하나 다 물어본다. 중간에 쓰다가도 궁금한 게 있으면 다시 물어본다. 귀찮아하지 않을까 걱정하지 않아도 된다. 상사 입장에선 중간중간 오가는 문답으로 보고서의 내용을 짐작할 수 있다. 딴 길로 샜을까 걱정하지 않아도 된다. 이런 과정을 거쳐 완성된 보고서는 읽기도 전에 이미 받아들여진 것이나 마찬가지다.

결국 보고서는 잘 쓰는 것보다 소통이 먼저다. 보고하는 사람과 보고받는 사람 간 의견 일치가 먼저 이루어져야 한다. 대화의 맥락에서 잡아낸 생각을 일목요연하게 정리하는 게 보고서 작성이다. 이렇게 생각하면 의외로 쉬운 게 보고서 쓰기다. 신박한 아이디어를 찾아 헤맬 필요가 없다. 생각이 잘 정리된 보고서는 결정을 앞당긴다. 내가 할 일은 결정하는 데 들이는 시간을 줄일 수 있도록 돕는 것이다. 잘 정리된 글로 의사결정자가 자신 있게 결정할 수 있도록 뒷받침하는 게 보고서의 역할이다.

2_보고서 쓰기의 7가지 원칙

보고받는 위치에 있는 사람들은 대부분 바쁘다. 내 얘기 말고도 들어야 할 얘기가 많다. 만날 사람도 수두룩하다. 결정할 것은 쌓여 있다. 그들은 보고서에 대해 공통적으로 이렇게 얘기한다. "나는 바쁘다. 내 시간을 낭비하지 않는 간결한 보고서를 원한다. 결론부터, 핵심만 간단히 말해 달라."

보고서가 늘어지는 것은 서두에 이 일을 시작하게 된 배경과 해야 하는 이유를 길게 쓰기 때문이다. 앞서 말했듯 취지에 대해선 이미 공감대가 이뤄진 상태가 대부분이다. 이 일을 '왜' 해야 하는지 납득시키기 위해 이미 알고 있는 사실을 구구절절 나열할 필요는 없다.

보고서든 기획서든 목적은 같다. 보고받는 사람이 정확하고 빠르게 의사결정을 하도록 돕는 것이다. 독자인 상사나 클라이언트가 보고서에서 알고 싶은 것은 세 가지다.

1. 뭘 하겠다는 것인가?
2. 나는 뭘 결정하면 되는가?

위 번호는 보고받는 사람이 중요하게 생각하는 순서다. 사람은 자기중심적이다. 나는 뭘 해야 하는지가 궁금한 게 당연하다. 보고하는 입장에선 이걸 왜 해야 하는지 충분히 설명하지 않으면 설득이 어려울 것 같다. 밑밥 까는 시간이 길어진다. 현상에 대한 파악, 사실의 나열, 문제의 원인에 대해 지나치게 길게 쓰는 경우가 비일비재하다. 읽는 사람은 자기가 궁금한 내용이 빨리 나오지 않아 답답하다.

　보고서 쓰기도 실용 글쓰기의 원칙이 그대로 적용된다. 독자의 입장에서 써야 한다. 독자가 궁금한 것, 독자가 중요하게 생각하는 것 위주로 써야 한다. 현황의 나열은 자제하고 '무엇을'에 집중한다. '무엇'은 구체적이어야 한다. 무엇을 하겠다는 것인지 명확한 그림이 그려질 정도가 되어야 한다. '무엇'은 현실적이어야 한다. 통상 보고를 한 다음에는 비용 집행이 뒤따른다. 돈에 관한 얘기는 정확해야 한다. 돈을 쓰겠다고 하면서 뜬구름 잡는 얘기를 하면 안 된다. 이 돈을 쓰면 이런 효과가 예상된다고 정확한 근거를 갖고 제시해야 한다. 그리고 의사결정자가 무엇을 결정하면 되는지 명확하게 요청한다. 얼마의 예산을 언제까지 할당해 달라든가, 이런 인력을 몇 명 배치해 달라든가 하는 식이다.

　상대방 입장에서 궁금한 것이 무엇인지 파악했다면 이제 쓸 차례다. 보고서를 쓸 때는 아래 7가지 원칙을 염두에 두고 쓴다.

1. 쉽게 쓴다

모든 글쓰기에 통용되는 원칙이다. 보고받는 사람이 쓱 보고도 이해할 수 있을 만큼 쉬워야 한다. 업계나 회사에서 통용되는 용어가 있거나 어떤 단어를 쓰는 방식이 정해져 있다면 그 원칙을 따른다. 보고받는 사람이 알아들을 수 없는 전문용어나 약어를 남발하는 일은 없어야 한다. 자존심을 상하게 한다면 내용이 아무리 좋아도 채택되기 어렵다. 쉽게 쓰는 게 실력이다. 직장인도 마찬가지다.

2. 자신 있게 쓴다

보고서에서 확신이 느껴져야 한다. 일을 맡기면 잘 해낼 것 같은 자신감이 묻어나야 한다. 그래야 안심하고 결정할 수 있다. '~할 것 같다' 같은 표현은 금물이다. 아무리 방어적으로 쓰더라도 '판단한다', '예상한다' 정도가 적당하다.

3. 논리적으로 쓴다

적어도 내가 쓴 글 안에서는 앞뒤 말이 맞아야 한다. 판타지 소설이나 영화도 세계관을 설정한다. 허황된 내용이라도 그 세계관 안에서는 나름의 논리를 갖고 전개된다. 세계관의 설정이 붕괴되면 이야기의 힘이 급격히 떨어진다. 보고서도 마찬가지다. 일관된 논리 하에서 전개되어야 한다. 보고서나 기획서는 미래의 일을 계획하는 것이다. 세계관을 설정한다고 생각해보자. 전제와 근거, 예상, 효과를 그 위에서 설계한다. 다소 과격하고 급진적인 주장이라 하더라도 나름의 논리가 있고 그럴듯하다면 받아들여질 가능성이 있다. 보고서가 신뢰를 얻으려면 논리성은 필수다.

4. 이익과 손해를 명시한다

보고받는 사람은 '이걸 하면 내가 뭘 얻을 수 있는지'가 궁금하다. 기대효과와 이익에 대해 명확하게 고지한다. 손해를 언급하는 방법도 있다. '이걸 하지 않으면 어떤 손해를 입게 된다'고 쓴다. 사람들은 이익보다 손해에 더 민감하다. 분명하게 강조해서 '이걸 꼭 해야겠다'는 생각을 불러일으킨다.

5. 선택지를 제시한다

보고받는 사람이 고를 수 있도록 선택지를 제시한다. 그렇지만 보고하는 사람은 이미 선택에 대한 결론을 내린 상태여야 한다. 보고서를 쓰면서 이것을 선택할 수밖에 없도록 논리를 전개한다. 그리고 선택지를 제시한다. '당신이라면 무엇을 선택하겠느냐'는 질문이 나온다면 명쾌한 답을 할 수 있어야 한다. 그 정도 자신은 있어야 믿음이 간다. 선택지를 주는 것은 일종의 형식이다. 결정하는 사람이 최종 책임자이기 때문이다.

6. 문제점과 해결방안을 제시한다

어떤 일이든 문제가 생긴다. 예상되는 문제를 망라하고 그에 대한 대비책을 세워야 한다. 이 일을 했을 때 예상되는 효과나 이득뿐 아니라 부작용도 함께 언급해줘야 한다. 그에 대한 해결방안도 함께 제시한다. 장밋빛 미래만으로 가득 찬 보고서는 현실적이지 않다.

7. 친절하게 쓴다

읽는 사람에게 친절한 보고서가 되도록 쓴다. 취향을 고려한다. 상대방이 핵심 위주의 짧은 보고서를 선호한다면 1페이지 보고서로 간결하게 쓴다. 상대방이 디테일을 파고드는 스타일이라면 모든 내용을 망라한 보고서를 준비한다.

상대방의 상황도 고려한다. 눈이 침침한 상사라면 큰 글씨로 써서 큰 종이에 출력한다. 내용을 파악하기 쉽게 고려한다. 굵은 글씨와 밑줄을 활용해 중요 부분을 강조한다. 예시 등은 글씨체를 달리해 알아볼 수 있도록 한다. 복잡한 내용이나 어려운 개념은 도표나 그림을 활용해 정리해준다.

3_ 자료 정리는 톱다운 방식

보고서를 쓸 때 시간이 오래 걸리는 이유는 자료 정리에 시간이 많이 들기 때문이다. 보통 보고서를 쓸 때 다음과 같은 과정을 거친다. 이슈에 대한 모든 자료를 모은다. 자료를 꼼꼼히 읽으며 중요한 내용에 밑줄을 긋거나 따로 정리한다. 정리된 내용을 바탕으로 보고서의 구성을 짠다. 짜인 구성의 각 파트에 알맞은 자료를 분류해서 넣는다. 자료 간 서로 모순되는 것이나 반복되는 것을 지운다. 보고서의 구성과 흐름이 논리적인지 확인한 후 나의 의견을 추가한다. 이렇게 쓰는 방식은 '보텀업Bottom-up'이다. 자료 발췌와 정리에 시간이 오래 걸린다. 또한 자료 간 충돌하는 지점이 많아 결론이 명쾌하지 않은 경우가 많다.

'톱다운Top-down' 방식으로 바꿔보자. 자료를 대충 훑어보며 핵심 내용을 찾는다. 그 핵심 내용을 바탕으로 내 의견을 정한다. 핵심 자료를 가지고 내가 정한 의견을 뒷받침할 수 있도록 구성을 짠다. 그 다음에 자료를 보완한다. 갖고 있는 자료 중에 내 의견과 일치하는 것을 뽑아 구성을 채운다. 부족하면 더 찾아서 넣는다. 마지막으로 논리적 비약이나 모순이 없는지 전체적인 흐름을 점검한다.

직장에서 작성하는 보고서는 대부분 '답정너'다. 답이 정해져 있는 경우가 많다. 쓸모없는 것까지 모든 자료를 일일이 다 검토하고 취합하는 데 시간을 보낼 필요가 없다. 톱다운 방식으로 자료를 정리하면 보고서 쓰는 시간이 단축되는 것은 물론이고 주장하는 바도 명쾌해진다.

자기소개서 쓰기

자기소개서는 '나'라는 상품을 파는 글쓰기다. 읽는 이에게 '나'라는 사람이 필요하다는 느낌을 주어야 한다. 그러려면 독자가 어떤 사람을 필요로 하는지 알아야 한다. 회사든 학교든 일반적으로 성실하고, 정직하고, 열정이 있고, 남을 배려하고, 인내심이 있고, 도전 정신이 있는 사람을 훌륭하다고 판단한다. 그렇다면 내가 살아온 삶의 경험과 특징 중에서 이런 부분을 부각해서 자기소개서를 써야 한다.

내가 중요하다고 생각하는 사실을 쓰는 게 아니라 독자가 중요하게 생각하는 점을 써야 한다. 어디에 자기소개서를 제출하느냐에 따라 부각해야 하는 장점이 다를 수도 있다. 연구직에 지원한다면 꼼꼼하고 분석적인 사람이라는 점을 강조해야 할 것이다. 마케팅 업무를 하고 싶다면 활달하고 창의적이고 도전정신이 강하다는 점을 부각하는 것이 좋을 것이다.

유시민 작가는 여러 권의 책을 썼다. 책의 종류도 역사책에서부터 글쓰기 책, 정치와 관련된 책까지 다양하다. 책의 종류에 따라 저자 소개가 다르다. 글쓰기 책『유시민의 글쓰기 특강』에서는 출판사 편집사원, 신문사 해외 통신원, 칼럼니스트, 작가 등 글쓰기와 관련된 이력을 부각한다. 글쓰기에 관심이 있는 독자에게 어필하기 위해서다. 저자 소개를 읽었을 때 이 책이 글쓰기에 도움이 될 것 같다는 인상을 주기 위해서다.

정치적 성격이 강한『국가란 무엇인가』에선 민주화 운동, 노무현 대통령과의 인연, 국회의원, 장관, 국민참여당 창당 등 정치적 이력을 중심으로 저자 소개를 썼다. 독자가 달라졌기 때문이다. 이 책의 독자는 '정치인이었던 유시민'의 책을 구입하는 것이기 때문이다. 동일한 이력을 가지고 어떤 상황인지에 따라 삶에서 발췌하는 부분이 달라진다. 유시민처럼 전 국민이 다 아는 유명인도 이렇게 '나'라는 상품을 상황에 맞춰 달리 소개한다.

1_ 효과적으로 나의 가치를 알리는 방법

자기소개서는 객관적인 이력사항으로 다 담아내지 못하는 나의 가치를 알리기 위해 쓴다. 이력서는 학력, 경력, 보유한 기술(자격증), 그리고 자기소개로 구성된다. 앞의 것들은 객관적인 사실이다. 내가 살아온 역사의 연표 같은 것이다. 자기소개에는 객관적인 사실의 나열로는 전달할 수 없는 주관적인 가치를 담아야 한다. 내가 어떤 삶을 살았고, 어떤 가치관을 가지고 어떻게 살고 있으며, 앞으로 어떻게 살아갈 것인지를 전달해야 한다.

읽는 사람도 지원자가 가치 있는 사람이라고 판단할만한 사실 위주로 구성해야 한다. 독자는 내 인생 전체가 궁금한 게 아니다. 신입사원을 뽑는다면 일을 잘할 사람인지가 궁금하고, 학생을 뽑는다면 공부를 열심히 할 학생인지 판단할 수 있는 정보를 보고 싶어 한다. 회사나 학교의 인재상이 나의 경력, 능력, 경험과 맞닿는 지점을 중심으로 쓴다. 읽는 사람이 자신 있게 나를 선택할 수 있도록 효과적인 방법으로 그를 설득해야 한다.

스토리를 담은 제목

보도자료의 제목을 '보도자료'라고 쓰면 안 되는 것처럼, 자기소개서의 제목도 '자기소개서'라고 쓰면 안 된다. 요즘 대기업이나 공기업의 신입사원 채용 경쟁률은 1,000:1에 육박한다. 학력, 학점, 경력, 어학성적, 자격증 등 객관적인 '스펙'을 기준으로 이력서가 한 번 걸러진다. 그리고 나서도 자기소개서 단계에서 몇백 대 1의 경쟁을 거쳐야 한다. 인사담당자가 자기소개서 하나에 눈길을 주는 시간은 길어야 30초 내외다. 30초 내에 독자의 눈길을 끌어야 한다. 흥미를 느낀 인사담당자가 나의 자기소개서를 더 읽어보고 싶도록 유혹해야 한다. 그 역할을 하는 게 제목이다. 나의 가치를 증명하는 자기소개서를 썼다면 그 내용을 한 줄에 함축적으로 담은 제목을 붙여야 한다. 스토리를 담은 제목을 써야 한다.

<직무 강점을 부각하는 제목>

- 3개월 만에 팔로워 800% 늘린 아이디어 뱅크

- 6가지의 아르바이트 경험으로 배운 소비자 중심 마인드

- 데이터 분석으로 반 발 앞선 트렌드 인사이트를 도출하는 마케터

<목표와 포부를 부각하는 제목>

- 빠른 상황 판단력과 과감한 추진력으로 ○○○의 미드필더가 되겠습니다

- 끝없이 배우며 성장하는 프로그래머

- 낮은 곳에서부터 끈기 있게 성장하겠습니다

<개인적인 덕목을 부각하는 제목>

- 꼼꼼함으로는 누구에게도 뒤지지 않습니다

- 한 번 물면 놓지 않는 악바리

- 학생회장 경험으로 기른 책임감이 제 자산입니다

흥미로운 도입

뻔한 도입은 흥미를 반감시킨다. 도입부에서 가족관계나 성장 과정을 언급하는 건 피하자. 시작하자마자 회사나 학교의 인재상이나 지원하는 분야가 나의 경험, 가치관 등과 어떻게 연관되어 있는지 직구를 던진다. 글을 막 읽기 시작한 상대방이 도입부에서 나의 능력, 근성, 경험 중 하나라도 실마리를 발견할 수 있도록 한다. 나에게서 가능성을 발견한 인사담당자가 더 글을 읽어나갈 수 있는 동기를 부여해야 한다.

<인사기획>

저의 경쟁력은 '기획력'입니다. 2년간 해외사업부 개발도상국 OOO 사업의 담당자로 근무했습니다. 특화된 분야로 편중되지 않고, 일반직무, 인사교육, 어학까지 다양한 분야의 콘텐츠를 기획, 개발하였습니다. 따라서 다양한 관점에서 기획안을 마련하고, 새로운 아이디어를 창출하여 접목시킬 수 있습니다.

<해외영업>

대학에서 경영학을 전공하였고, 일어일문학을 부전공하였습니다. 2018년 일본으로 어학연수를 가서 6개월간 일본어 공부를 하였고, 2020년에 교환학생으로 선발되어 다시 일본에서 1년간 공부를 할 수 있었습니다. 덕분에 일본어만큼은 누구에게도 뒤지지 않을 자신이 있습니다. 그리고 영어도 기본적인 회화는 충분히 할 수 있습니다. 또한 재무관리, 인사관리, 마케팅 등 경영학도에게 필요한 기본적인 소양을 충분히 갖추고 있다고 생각합니다.

<간호사>

학창시절 봉사활동을 하면서 몸이 아프거나 불편한 사람들을 많이 보았고, 그때부터 간호사의 꿈을 키웠습니다. 몸이 아픈 사람들에게 손과 발이 되어 주는 것은 중요한 일입니다. 하지만 그것보다 더 중요한 것은 그 사람들의 마음을 헤아리고 아픔을 함께 나누는 것입니다. 저는 환자의 손과 발이 되는 간호사보다 환자들과 마음을 함께 나누는 간호사가 되고 싶습니다. 희생의 정신보다 나눔의 정신으로 환자들에게 봉사하는 간호사가 되고 싶습니다.

가치를 숫자로 표현

자기소개서는 결국 자기 자랑이다. 자기 자랑을 할 때 구체적인 근거를 대야 믿을 수 있다. 기업은 숫자로 말한다. 얼마의 비용을 투입해서 얼마를 벌어들였고 얼마를 남겼는지 모두 숫자로 평가한다. 나의 가치를 숫자로 표현할 수 있다면 기업과 더욱 빠른 의사소통을 할 수 있다. 또한 숫자는 그 자체로 강조의 효과가 있다. 〈A〉보다 〈B〉가 더 강렬한 기억을 남긴다.

[A]

대형 서점 ○○○에서 어린이 도서 콘텐츠를 기획하고 운영하는 일을 했습니다. 어린이 책에 파묻혀 지내면서 어린이 책을 보고, 좋은 책을 선정하고, 책에 대한 리뷰를 쓰며, 때로 어린이 책과 관련된 콘텐츠를 기획하고 행사를 준비하는 일을 했습니다. 1년간 일하면서 어린이 도서 코너의 매출이 상승했고, 제가 준비한 정기 행사를 꼬박꼬박 찾는 단골 고객도 생겼습니다.

[B]

대형 서점 ○○○에서 제가 한 일은 크게 4가지입니다. 어린이 도서를 선정하고, 책에 대한 리뷰를 쓰며, 어린이 책과 관련된 콘텐츠를 기획했습니다. 월 1회 진행되는 정기 행사를 준비하는 일도 했습니다. 제가 일하는 1년간 어린이 도서 코너의 매출이 32% 상승했습니다. 첫 행사 진행 시 20명에 불과했던 참석자도 마지막 달에는 56명까지 늘어났습니다. 제가 준비한 정기 행사를 꼬박꼬박 찾는 단골 고객이 생겨났기 때문입니다.

솔직하고 담백한 문장

자기소개서가 자랑이라고는 하지만, 과장된 말투를 사용해선 안 된다. 자기소개서에 적힌 사실은 검증할 수 있는 방법이 없다.

읽는 사람은 쓰는 사람이 일방적으로 나열하는 정보를 믿어야 하는 입장이다. 뭐가 사실이고 거짓인지 구별할 수 없는 상황에서 지나치게 과장된 문장은 신빙성을 떨어뜨린다.

소박한 문장으로 솔직하고 명료하게 쓴 글이 신뢰를 얻을 수 있다. 글을 쓴 사람도 정직하고 성실할 것이라는 인상을 준다. 기업이 자기소개서를 받는 이유는 글솜씨를 평가하기 위함이 아니다. 결국 사람 자체를 평가하기 위해서다. 지나친 기교로 글쓰기의 목적을 놓쳐선 안 된다.

2_자기소개서를 쓸 때 피해야 할 실수

공채 시즌이 되면 기업에 수많은 지원서가 몰린다. 인사담당자는 엄청난 양의 자기소개서를 검토해야 한다. 적합한 사람을 뽑기 위해 검토한다기보다는 부적합한 사람을 걸러내기 위한 과정에 가깝다. 1차로 객관적인 스펙 기준을 통과한 지원자들에 한해 자기소개서 경쟁이 이뤄진다. 지원자 간 차이가 크지 않다 보니 사소한 실수로도 당락이 결정된다. 자기소개서에서 아래와 같은 실수는 피해야 한다.

돌려쓰는 자기소개서

가장 자주 하는 실수다. 이력서 제출이 몰리는 입사 시즌에 벌어지는 일이다. 자기소개서를 하나 써놓고 이 회사에 제출한 것을 저 회사에도 제출하는 식이다. 검토 없이 제출하다 보면 다른 회사 이름을 그대로 적어 보내는 경우도 있다. 의외로 이런 실수가 자주 발견된다. 읽는 사람 입장에선 최소한의 성실성을 의심할 수밖에 없다. 아무리 스펙이 좋고 경력이 훌륭해도 탈락이다. 지원하는 회사에 맞춰 최소한의 내용 수정은 해야 한다. 읽는 사람과 지원한 기업에 대한 기본 예의다.

맞춤법 실수

맞춤법 한두 개 틀리는 것은 애교로 넘어갈 수 있다. 맞춤법 오류가 많다면 지원자의 자질을 의심하게 된다. 읽는 사람이 맞춤법에 민감하다면 당락에 영향을 준다. 내용과 상관없이 신뢰할 수 없는 사람으로 낙인찍히고, 그 자기소개서는 버림받고 만다. 맞춤법 검사기같이 편하게 검토할 수 있는 수단이 있는데도 틀리면 성의가 없어 보인다. 읽는 사람은 합격할 의지가 없다고 생각하게 된다.

복제와 대행업체 이용

글쓰기에 자신이 없어 남의 것을 그대로 베껴 쓰거나 자기소개서 작성 대행업체를 사용하는 사람이 있다. 인사담당자는 수천 편의 자기소개서를 검토한다. 돈 주고 구입하거나 대행업체가 쓴 자기소개서는 바로 알아볼 수 있다. 무사히 자기소개서 단계를 통과하더라도 면접에서 들통나고 만다. 자기소개서 내용을 토대로 질문이 들어오기 때문이다. 복제나 대행업체 이용은 도덕성과 관련된 문제다. 글솜씨가 조금 부족하더라도 솔직하고 담담하게 자기 자신을 드러내는 글로 승부를 보는 게 좋다.

6

이메일
쓰기

기본적인
이메일 작성법

마케터뿐 아니라 일하는 사람들이 가장 자주 쓰고 읽는 글은 아마도 이메일일 것이다. 이제 이메일은 디지털 시대의 기본적인 의사소통 방법이다. 그런데 이메일을 제대로 쓰지 못하는 사람이 많다.

코로나19를 거치며 비대면 의사소통이 늘었다. 이메일처럼 글로 쓴 문서만으로 상대방에 대한 인상을 결정짓는 일이 많아졌다. 비즈니스 관계에서 잘못 쓴 이메일은 단순히 글을 못 쓰는 것을 넘어 무능하거나 무례한 사람으로 낙인찍히게도 한다. 실제 능력과 상관없이 일 못하는 사람으로 찍히면 신뢰를 회복하기 어렵다. 얼굴을 마주하는 대면 상황과는 달리 이메일은 오해를 불러일으키기 쉬운 의사소통 방법이다. 이메일이 일하는 사람의 기본적인 커뮤니케이션 방법이라면 기초적인 작성법은 알아두어야 한다.

1_이름

받는 사람의 수신함에 내 이름이 어떻게 뜨는지 지금 한번 확인해보자. 생각보다 신경 쓰지 않는 사람이 많다. 이름이 뜨는지 낯뜨거운 닉네임이 뜨는지, 영문인지 한글인지, 직책은 알맞게 설정되어 있는지 확인한다.

2_제목

다른 모든 실용 글과 마찬가지로 이메일도 제목이 중요하다. 제목만 봐도 무엇에 관한 내용인지 파악할 수 있어야 한다. 본문의 내용을 함축적으로 요약한 제목을 쓴다. 제목 앞에 대괄호 [ ]를 달아 소속이나 목적을 명시한다. 이름에 소속이 명시돼 있다면 제목에선 반복하지 않는다. 상대방이 이메일을 꼭 읽어야 하거나 시급한 일이라면 [중요], [긴급]처럼 명시해 주목도를 확보한다.

3_자기소개와 인사

이메일의 첫머리에서는 인사를 한다. 처음 메일을 주고받는 사이라면 간단한 자기소개를 한다. 서로 아는 사이라 하더라도 서두에 소속과 이름, 직책을 밝힌다. '마케팅팀의 ○○○대리입니다' 하는 식이다. 가벼운 인사를 곁들이는 것도 좋다. 너무 쓸데없는 수다를 길게 쓰지 않도록 한다. 본문으로 자연스럽게 넘어갈 수 있을 정도면 충분하다.

안녕하세요, 작가님.
저는 마케터의 글쓰기 강의를 수강하는 ○○○입니다.
날씨가 추워졌는데 잘 지내고 계신가요?
저는 지난주에 갑자기 추워져서 감기에 걸렸어요. 열이 39도까지
올라서 매일 병원을 다녔다니까요..

4_메일을 쓰는 이유

간단한 인사 후 본격적인 본론으로 들어가기 전에 메일을 쓰는
이유를 요약해서 한 줄 정도로 써준다. 이러이러한 이유로 메일
을 보냈다고 쓰면 읽는 사람도 앞으로 전개될 내용을 짐작하면서
읽을 수 있다.

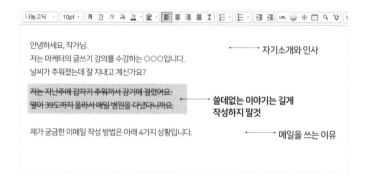

5_본론

이메일도 내가 말하고자 하는 바를 명확하게 전달해서 원하는 반
응을 얻어내기 위한 글쓰기다. 용건을 처리하는 데 집중해야 한
다. 내가 원하는 바를 최대한 상대가 파악하기 쉽게 쓴다. 명료한
용건 전달에 좋은 방법은 개조식이다. 말하고자 하는 내용을 1, 2,

3······ 이런 식으로 번호를 달아 작성한다.

제가 궁금한 이메일 작성 방법은 아래 4가지 상황입니다.
1. 업무 요청을 할 때
2. 상사에게 보낼 때
3. 보고할 때
4. 처음 연락하는 거래처에 보낼 때

이메일도 커뮤니케이션 방법의 하나인 만큼 원하는 답변을 얻어내는 것은 글쓴이의 몫이다. 읽는 사람에게 요청하는 내용을 명확하게 쓴다. 시일을 정해 답변을 얻어야 한다면 언제까지 회신해 달라고 요청해야 한다.

특히 보고할 때 쓸 수 있는 이메일 샘플을 공유해주시면 많은 도움이 될 것 같습니다.
다음 주 초(12월 3일)까지 보내주시면 이달 말에 예정된 중요한 보고에 사용하고자 합니다.

안녕하세요, 작가님.

저는 마케터의 글쓰기 강의를 수강하는 ○○○입니다.

날씨가 추워졌는데 잘 지내고 계신가요?

저는 지난주에 갑자기 추워져서 감기에 걸렸어요.

열이 39도까지 올라서 매일 병원을 다녔다니까요.

제가 궁금한 이메일 작성 방법은 아래 4가지 상황입니다.

1. 업무 요청을 할 때
2. 상사에게 보낼 때 ——→ **핵심적인 내용을 번호를 매겨**
3. 보고할 때 **한눈에 내용을 파악할 수 있도록 할 것**
4. 처음 연락하는 거래처에 보낼 때

특히 보고할 때 사용하는 이메일 샘플을 공유해주시면 많은 도움이 될 것 같습니다. ——→ **요청사항**
다음 주 초(12월 3일)까지 보내주시면 이달 말에 예정된 중요한 보고에 사용하고자 합니다. **명시**

6_첨부파일

파일을 첨부했다면 본문에 첨부파일이 있음을 고지한다. 쓰지 않으면 무심코 넘겨버릴 수 있다. 첨부파일을 읽을 것 같지 않다면 본문에 첨부의 내용을 요약해서 다시 써주는 것도 방법이다. 수신자가 첨부파일을 열어보지 않더라도 내용을 파악할 수 있다.

제가 작성한 이메일의 문제점을 파악할 수 있는 샘플을 첨부했습니다. 참고 부탁드립니다.

7_마무리

일반적인 마무리 인사로 끝맺는다. 도입부의 인사와 같이 너무 길지 않게 마무리하되 예의 바른 사람이라는 인상을 남기는 게 좋다.

일교차가 심한 날씨에 건강 조심하시기 바랍니다.
감사합니다.

8_발송 전 체크 사항

– 오타가 없는지 확인한다. 오타는 글의 신뢰도를 떨어뜨린다.
– 수신자와 참조를 정확하게 구분해서 넣었는지 확인한다.

수신자는 메일을 읽고 회신을 해야 할 당사자로 설정한다. 참조에는 회신 의무는 없지만 이 일에 대해 알고 있어야 할 사람을 넣는다. 업무상 보안이 요구되는 경우나 이 일에 대해 알고는 있어야 하지만 메일을 수신하는 다른 사람에게는 알리고 싶지 않을 땐 숨은참조 기능을 활용한다.

- 개인별 발송 체크 기능을 잘 사용하면 좋다.

특히 보도자료나 공지사항처럼 여러 사람에게 동일한 메일을 발송할 때 유용하다. 수신자 입장에서 몇십 명 사이에 내 이름이 섞여 있다면 그 메일의 중요도가 떨어진다. 개인별 발송 기능을 활용하면 수신자는 나에게만 보낸 메일로 인식하게 된다.

- 오타
- 첨부파일 여부
- 받는사람
- 참조 및 숨은참조

받는사람	▽ 개인별 ?	
참조	▾	
제목	☐ 중요 !	
파일첨부	▾	내PC

● 보도자료 배포 시 등 여러 명에게 메일을 발송할 경우 개인별 박스 체크할 것

알아두면 능률이
향상되는 이메일 쓰기

1_1·1·1 원칙

한 통의 이메일에 한 가지 주제를 담아 한 명에게 보내면 회신받을 가능성이 높아진다. 한 명의 수신자에게 보낸 메일의 응답률은 95%에 육박하지만 열 명의 수신자에게 보낸 메일의 응답률은 5%까지 떨어진다고 한다. 단체 메일에는 회신에 대한 의무를 크게 느끼지 않기 때문이다. 회신을 꼭 받아야 하는 용건이라면 1·1·1 원칙을 지켜 메일을 발송한다.

2_답장 쓰는 법

이메일 회신은 빠를수록 좋다. 사내 메일은 1시간 내, 외부 메일은 24시간 안에 회신하는 게 좋다. 이 시간 안에 회신하지 못한다면 우선 메일을 수신했음과 답장이 늦어지는 이유, 회신 예정일을 명시해 24시간 내 답장한다. 그런 다음 회신 예정일에 제대로 된 답장을 보내면 된다.

답장을 보낼 때는 새로 창을 띄워 쓰기보다 답장을 눌러 회신한다. 의사소통의 연속성을 유지하기 위해서다. 많은 메일이 오가는 경우 관련된 내용을 묶어 한눈에 보기 편하다. 이렇게 답변할 때는 제목을 바꾸지 않는 게 좋다.

상대방이 개조식으로 메일을 보냈다면 답변도 하나의 용건에 하나의 답변을 달아서 보내는 것이 좋다. 이렇게 하면 상대방도 내용을 파악하기 쉽고 용건 누락을 방지할 수 있다.

글쓰기를 위한 읽기

1_글쓰기에도 독해력이 중요하다

몇 년 전 온라인 커뮤니티에서 화제가 된 기사가 있다. 기사 제목은 "하정우, 뺑소니에 치인 후 200m 추격 '맨손으로 제압'"이다. 화제가 된 이유는 하정우를 비난하는 댓글이 가득했기 때문이다. "하정우 실망. 좋은 분인 줄 알았는데 뺑소니라니.", "헐~ 진짠가요? 하정우 배우 인생 끝났네요. 뺑소니를 치고 어떻게 도망갈 생각을 하지?" 등이 주를 이뤘다. 기사를 반대로 해석해 배우 하정우가 뺑소니 사고를 냈다고 이해한 사람이 많았던 모양이다. 아마도 '하정우', '뺑소니', '추격' 등의 단어를 띄엄띄엄 읽은 후 머릿속으로 단어의 이미지를 조합해 위와 같이 단정해버린 것이 아닐까 싶다.

디지털 기기의 사용이 늘면서 난독증을 가진 사람이 늘고 있다. 경기도 교육청에 따르면 2021년 난독증이 의심된 2~6학년 초등생은 249명으로 2020년보다 5% 늘어났다.[15] 글쓰기를 어려워하는 사람이 많은 것과 난독증 인구 증가 사이에 연관이 있지 않을까 하는 생각을 해본다. 잘 읽어도 잘 쓰지 못할 수는 있다. 그렇지만 잘 쓰려면 반드시 잘 읽어야 한다. 잘 읽어야 잘 생각할 수 있다. 생각이 많아지면 쓰게 된다. 쓰려면 생각해야 하고 생각을 하려면 다시 읽어야 한다. 읽기와 생각하기, 쓰기는 톱니바퀴처럼 맞물려 돌아가는 하나의 시스템이다.

독해력이란 1차적으로 텍스트가 가리키는 표면적인 정보가 무엇인지 알아차리는 능력이다. 나아가서 글을 구성하는 논리의 흐름을 파악하는 것이다. 최종적으로는 특정한 맥락에서 이해하는 것이다. 글을 쓰려면 먼저 독해력을 갖춰야 한다. 글쓰기의 과정이 곧 읽기의 과정이기 때문이다. 독해력이 없다면 글을 쓸 수 없다. 글은 읽히기 위해 쓴다. 글을 쓰는 대부분의 시간은 읽는 데 사용된다. 생각해보면 우리는 앞에 쓴 문장을 읽으면서 다음 문장을 쓴다. 다음 문장을 쓰기 전에 앞에 쓴 문장을 읽는다. 내가 쓴 것인데도 앞 문장의 의미를 파악하지 못할 때가 있다. 그러면 다음 문장을 쓸 수 없다. 이미 쓴 문장을 이해하지 못하는 상태에서 글을 써나가면 문장들이 연결되지 않는다. 하나의 단일한 논리 흐름을 구성할 수도, 어떤 맥락을 가질 수도 없다. 이런 글이 독자에게 잘 읽힐 리가 없다. 결국은 독해력이 문제다.

2_잘 쓴 글을 읽어야 한다

글을 잘 쓰려면 잘 못 쓴 글을 가려내는 눈이 있어야 한다. 그래야 내가 잘 못 쓰고 있는지 알아차릴 수 있다. 그런데 잘 못 쓴 글을 구별해내기가 쉽지 않다. 주변에 잘 못 쓴 글이 넘쳐나서다. 인터

넷은 물론이고 신문, 방송, 책에 이르기까지 못 쓴 글 투성이다. 못
쓴 글을 알아보는 눈은 하루아침에 생기는 게 아니다. 우선 잘 쓴
글에 익숙해져야 한다.

잘 쓴 글에 익숙해진 사람은 못 쓴 글을 봤을 때 본능적으로 이상
하다고 느낀다. 그렇게 느끼기 위한 가장 좋은 방법은 독서다. 아
무 글이나 읽어선 안 된다. 잘 쓴 글을 읽어야 한다. 가급적 책을
읽는 것이 좋다. 긴 글을 읽어 버릇해야 읽기 체력이 길러진다. 체
계적으로 지식을 습득하고 깊은 사유를 하는 데에도 익숙해진다.
좋은 글을 많이 읽으면 잘 쓴 글에 익숙해진다. 그러고 나면 잘못
쓴 글을 알아볼 수 있게 된다. 그때가 돼야 내 글도 판단할 수 있다.
내가 잘 쓰고 있는지, 못 쓰고 있는지 판단하는 게 가능해진다.

독서의 좋은 점은 또 있다. 어휘력이 길러진다. 사람이 표현할
수 있는 범위는 구사할 수 있는 어휘력의 양과 수준에 따라 정해
진다. 어휘를 많이 알면 일단 정확한 문장을 만들 수 있다. 상황
에 꼭 맞는 단어를 골라 쓸 수 있다. 좀 더 높은 수준으로 올라가
면 풍부한 표현을 할 수 있다. 단조로운 표현에서 벗어나 입체적
으로 현상이나 대상, 문제를 묘사할 수 있다. 내가 사용할 수 있는
어휘의 다양함만큼 내 생각의 범위도 넓어진다.

어휘력을 늘리기 위해서도 책을 읽어야 한다. 아무거나 읽는다고
어휘력이 느는 게 아니다. 문학적인 글을 쓰기 위해서는 시나 소

설을 많이 읽고 거기에 나온 다양한 어휘의 쓰임을 익혀야 한다. 실용적인 글도 마찬가지다. 논리적인 글을 쓰려면 인문학 교양서 등을 통해 추상적인 개념을 다루는 데 익숙해져야 한다. 추상과 구체를 넘나드는 감각을 키워야 한다. 과학 분야의 글을 쓴다면 과학 교양서나 전문 서적을 읽고 어휘력을 키워야 할 것이다. 글쓰기 실력을 늘리기 위해 책을 읽는다면 도움이 되는 책을 골라 읽어야 한다. 어떤 책을 읽느냐에 따라 익히는 어휘의 종류와 질이 달라진다.

독서를 많이 하면 어휘력뿐 아니라 글 구성에 대한 감각도 생긴다. 글을 잘 쓰는 사람들은 어떻게 글을 배치하면 말하고자 하는 내용을 효과적으로 전달할 수 있을지 파악하는 감각을 갖고 있다. 문장이 제대로 쓰였는지 파악하는 능력은 기본이다. 어떻게 문장과 문장을 연결하면 매끄러운지, 어떻게 문단과 문단을 연결하면 재미있을지, 이 글이 설득력이 있는지 없는지 구별할 수 있는 감각을 갖고 있다. 이런 감각 역시 책을 많이 읽어야 길러진다.

3_글쓰기를 위한 벼락치기 읽기법

좋은 글을 쓰고 싶으면 많이 읽어야 한다. 인풋Input이 있어야 아웃풋Output도 생긴다. 그렇지만 지금부터 열심히 독서를 해봐야 20년 후에나 좋은 글을 쓸 수 있다고 하면 의욕이 떨어진다. 완벽

하지는 않지만 부족한 독서량을 극복하고 그럴듯한 글을 쓸 수 있는 벼락치기 읽기법을 소개한다.

쓰려고 하는 글과 비슷한 내용을 담은 책을 딱 10권만 읽자. 조만간 ESG 경영에 대한 글을 기고해야 하는 상황이라고 치자. 그럼 인터넷 서점에서 판매량이 많은 순으로 ESG 경영에 대한 책을 10권 산다. 그리고 읽기 시작한다. 읽을 때는 설렁설렁 보는 게 아니라 책상에 제대로 앉아서 밑줄을 그으며 읽는다.

3권쯤 읽으면 뭔가 감이 잡히기 시작할 것이다. 비슷한 내용이 반복되거나 주로 사용하는 어휘가 정해져 있다는 사실을 깨닫게 된다. 8권쯤 읽으면 구성에 대해서도 어렴풋이 눈치채게 된다. 비슷한 주장을 하는 글은 논리 전개 방법도 유사하다. 비슷한 내용을 다룬 책을 여러 권 읽으면 글의 형식에도 익숙해지게 된다. 무엇보다도 목적이 있는 읽기여서 습득 속도도 빠르다.

좀 더 빠르게 실력을 항상시키고 싶다면 밑줄 친 내용을 중심으로 책을 요약해본다. 요약할 수 있다는 것은 그 책의 뼈대를 그려낼 수 있다는 뜻이다. 핵심을 뽑아 논리적으로 압축할 수 있다는 뜻이다. 압축할 수 있다면 펼쳐서 쓸 수도 있다. 이렇게 10권을 읽은 다음에 쓰려고 하는 글을 써보자. 어느 정도 괜찮은 글을 써낼 수 있을 것이다. 이렇게 어떤 글을 쓸 때마다 10권 읽기를 반복해보자. 어느새 책 몇백 권을 읽어치운 다독가가 되어 있을 것이다.

글쓰기 근육을 단련하는 쓰기 연습

1_일단 많이 써봐야 는다

글쓰기 방법을 다룬 책을 아무리 많이 읽어도 결국은 써봐야 는다. 그것도 많이 써봐야 한다. 아는 게 많고 말을 잘해도 글로 쓰는 것은 다르다. 많이 써야 잘 쓸 수 있다. 흔히 글쓰기를 자전거 타기에 비유한다. 아무리 자전거의 구동 원리에 대해 훤하게 알고, 자전거 타기 비법 강의를 여러 번 들었어도 직접 타봐야 자전거를 탈 수 있다는 것이다. 한 번 타본다고 탈 수 있는 게 아니라 넘어지고 다치면서 연습해야 잘 탈 수 있다. 글쓰기도 마찬가지다. 글쓰기의 원칙을 배웠다면 실제로 써보고 실수도 하고 처음부터 완전히 다시 써보기도 해보자. 그러면서 글쓰기가 는다.

글쓰기도 일종의 기술이다. 기술을 익히는 데는 많은 연습이 필요하다. 근육이 기술을 기억할 때까지 반복해서 연습해야 한다. 글쓰기도 마찬가지다. 일정량의 시간 투자가 필요하다. 글쓰기가 몸에 밸 정도로 많이 써봐야 한다. 한 번 정도는 집중적으로 글을 쓰는 시기가 필요하다.

작은 경제단체에서 홍보담당자로 일했던 3년이 그랬다. 두 달에 한 번씩 발간하는 32페이지짜리 소식지를 혼자 채웠다. CEO 인터뷰에서부터 기업들의 보도자료를 요약한 단신, 경영 신간 소개,

휴가철에 갈만한 여행지 소개까지 별의별 내용을 다 썼다. 일상적으로는 산업부 기자들을 대상으로 보도자료를 쓰고, 지식경제부(현 산업통상자원부)에 제출하는 보고서를 썼다. 회원사에 발송하는 공문을 쓰고, 회장님이 조찬 강연회에서 읽을 인사말을 쓰고, 해가 바뀔 땐 신년사를 썼다. 잘 쓰는지 못 쓰는지도 모르고 닥치는 대로 썼다. 생각해보면 그때 만들어진 글쓰기 근육이 글을 쓸 수 있는 기초 체력이 됐다.

2_몸이 기억하는 글쓰기, 필사

동서양과 분야를 막론하고 글 잘 쓰는 모든 작가들이 필사를 최고의 글쓰기 연습법으로 꼽는다. 글 잘 쓰는 비결을 저절로 몸에 습득하게 되는 방법이다. 글쓰기 연습을 하는데 맞춤법 따로, 문법 따로, 어휘력 따로, 구성 따로 공부해야 한다면 할 짓이 못 된다. 필사는 이 모든 것을 한 번에 해결하는 글쓰기 연습법이다.

실력 있는 작가가 쓴 좋은 글을 베껴 쓰면 그의 글쓰기를 닮게 된다. 머리로 닮아가는 게 아니라 근육에 저장된다. 단어 선택, 표현법, 문법, 글의 구성, 논리의 전개, 호흡까지 몸으로 익히게 된다. 이것이 몸에 배면 글을 쓸 때 손과 머리가 반사적으로 움직인다.

아무리 유명한 작가라도 베껴 쓰는 것이 고통스럽다면 나와 맞지 않는 것이다. 어떤 글은 베껴 쓰면 쓸수록 짜증이 솟구친다. 손가락이 잘 움직이지 않고 속도도 안 붙는다. 몸이 거부하는 것이다. 그런 글은 빠르게 포기하자. 필사를 할 땐 좋아하는 작가의 글을 베껴 쓰는 것이 좋다. 내가 읽을 때 좋은 글은 나와 궁합이 맞아서 인 경우가 많다. 그 작가의 표현법이나 호흡, 글 전개 방법이 나와 잘 맞는 것이다. 그런 글을 베껴 쓰면 글쓰기 연습이 한결 즐거워 진다.

3_상대방이 있는 글쓰기 연습

본격적으로 글쓰기 연습을 할 때는 꼭 독자가 있는 상황을 만들어야 한다. 블로그나 브런치 같은 플랫폼에 계정을 개설하고 공개적으로 글을 쓴다. 어차피 처음에는 아무도 안 본다. 그럼에도 공개적으로 글쓰기 연습을 하는 것은 독자가 내 글을 읽는 상황에 익숙해져야 하기 때문이다. 누군가가 내 글을 읽을지도 모른다고 생각하면 좀 더 상대방을 의식하면서 쓰게 된다. 독자 입장에서 배려하면서 쓰게 된다. 우리가 써야 할 글은 결국 독자가 있는 글쓰기다. 연습 단계부터 이런 상황에 익숙해지는 게 좋다.

쓸 거리가 없어 고민된다면 리뷰 쓰기를 추천한다. 리뷰 쓰기는 소재가 고갈될 일이 없다. 책이나 영화 리뷰를 쓰기로 했다면 쓸 거리가 넘쳐난다. 내가 본 것을 토대로 쓰다 보니 쓸 거리가 구체적이다. 추상적인 개념을 가지고 허우적거리지 않아도 된다. 마지막으로 리뷰는 단순한 포맷으로 시작할 수 있는 글쓰기다. 책이나 영화의 내용을 요약한 다음에 내 생각을 한 줄만 덧붙여도 리뷰다. 본 것을 짧게 압축하는 것 자체가 좋은 훈련이다.

일단은 이렇게 시작할 수 있다. 많이 써서 익숙해지면 좀 더 재미있는 구성도 연습해볼 수 있다. 전에 본 영화와 이 영화를 비교한다거나, 이 책과 저 영화의 공통 메시지를 찾아내 함께 소개하는 식이다. 일단은 쓰는 게 중요하다. 블로그든 뭐든 개설하고, 독자를 향해 쓰기 시작하자.

[주석]

1) 이다원, "[스페셜리포트] 새로운 포털 유튜브… 빅테크에 검색 주권 흔든", 이투데이, 2022.3.7.

2) 변희원, "[NOW] 동영상 시대, 글쓰기 강좌 5배 늘었다", 조선일보, 2022.1.24.

3) UX(User Experience)는 디지털 서비스에서 사용자가 느끼는 총체적 경험을 말한다. UX Writing은 사용자 경험 중에서도 안내 문구 등 텍스트로 표현되는 사용자 경험을 담당한다.

4) "핀테크 유니콘 '토스'의 성장은 'UX 글쓰기'가 뒷받침한다", 인터비즈 블로그, 2021.8.22.

5) "보그 병신체에 대한 단상", 블로그 '김홍기의 패션의 제국', 2013.3.1.

6) 유시민, 『역사의 역사』, 돌베개, 2018, p.229

7) 스티븐 킹, 『유혹하는 글쓰기』, 김영사, 2002, p.141

8) 김훈, 『남한산성』, 도서출판 학고재, 2007, p.310

9) 윌리엄 진서, 『글쓰기 생각쓰기』, 돌베개, 2007, p.302

10) 김태영, 〈2021년 상반기 경기도 신용카드 매출 동향 분석 및 시사점〉, 경기연구원 정책브리프, 2021.8.

11) '전국 기존 공공시설물 내진율 72% 목표 달성', 행정안전부 지진방재정책과, 생략·편집함, 2022.4.28.

12) 주식회사 투카인즈, '[생체역학 테스트 완료] 다리 부기 관리 끝판왕', Wadiz, 생략·편집함.

13) 이본 쉬나드, 『파타고니아, 파도가 칠 때는 서핑을』, 라이팅하우스, 2020, p.67

14) '2021년 12월 및 연간 온라인 쇼핑 동향', 통계청, 2022.2.3.

15) 나규항, '[기자메모] 디지털 난독증', 중부일보, 2022.1.16.

초보 마케터를 위한
지금 바로 써먹는
글쓰기 필살기

마케터의 글쓰기

초판 1쇄 발행 2022년 9월 1일
초판 4쇄 발행 2023년 11월 15일

지은이 이선미

펴낸이 한선화
편집 이미아
디자인 ALL designgroup
홍보 김혜진 | 마케팅 김수진

펴낸곳 앤의서재
출판등록 제2022-000055호
주소 서울 서대문구 연희로11가길 39, 4층
전화 070-8670-0900 | 팩스 02-6280-0895
이메일 annesstudyroom@naver.com
인스타그램 @annes.library

ISBN 979-11-90710-47-3 03320